캡컷으로
영상 편집하기

이 책의 구성

학습 포인트 🌿
이번 장에서 학습할 핵심 내용을 소개합니다.

미리보기 🌿
학습 결과물을 미리 살펴봅니다.

예제 따라 하기
실생활에서 활용할 수 있는 예제를 순서대로
따라 할 수 있도록 구성하여 누구나 쉽게
이해하고 기능을 습득할 수 있습니다.

예제 다운로드 QR 코드
스캔하면 예제에 사용된 동영상과 사진 파일을
다운로드할 수 있는 사이트로 이동합니다.

---

(03) **크로마키 사진을 활용해 배경 바꾸기**

▶ **크로마키 사진 다운로드하고 배경 제거하기**

01 크로마키 사진은 합성을 하기 위해 그린 스크린에서 촬영한 사진입니다. 저자는 그린 스크린 앞에서 촬영한 사진이 있지만 여러분은 픽셀스(Pexels)에서 크로마키 사진을 다운로드해 실습합니다. [Google(ⓖ)] 앱을 실행해 '픽셀스'를 검색합니다. 픽셀스 검색창에 '그린 스크린'을 검색해 사진을 다운로드합니다.

02 [캡컷(ⓔ)] 앱에서 [+ 새 프로젝트] 버튼을 터치해 크로마키 사진을 불러오고 [편집(■)]을 터치합니다. 도구 패널을 왼쪽으로 드래그하고 [배경 제거(■)]를 터치합니다. 이어서 [크로마키(■)]를 선택합니다.

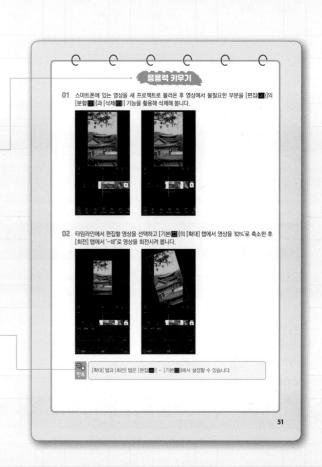

응용력 키우기 ✎

응용문제를 통해 본문에서
학습한 내용을 정리하고 복습합니다.

힌트 ✎

응용문제를 푸는데 필요한 정보 또는
방법을 안내합니다.

일러두기

1 본 도서는 안드로이드 14 버전의 삼성 스마트폰과 캡컷 12.3.0 버전을 기준으로 설명합니다.
스마트폰과 앱의 버전에 따라 메뉴나 실습 과정 등이 교재와 다를 수 있습니다.

2 예제에서 배우는 캡컷의 편집 기능을 1시간 분량으로 압축 설명한 강의 영상을 제공합니다.
QR 코드를 스캔하면 저자의 유튜브 채널(@쉬운 디지털)로 이동합니다.

동영상 시청

이 책의 목차

01 영상 편집의 기초! 편집할 영상 준비하기

- ▪ 카메라 앱 도구 패널 살펴보기
- ▪ 카메라 앱 환경 설정하기
- ▪ 스마트폰으로 사진 촬영하기
- ▪ 스마트폰으로 동영상 촬영하기
- ▪ 무료 동영상 파일 다운로드하기

미/리/보/기

영상을 편집하기 전에 먼저 편집할 영상을 준비해 보겠습니다. 이번 장에서는 카메라 앱

의 도구 패널을 살펴보고 스마트폰으로 사진을 촬영하는 방법과 동영상을 촬영하는 방법

을 알아봅니다. 나아가 무료 이미지 다운로드 사이트에서 실습에 사용할 동영상 파일을

다운로드해 보겠습니다.

▶ 카메라 환경 설정하기

01 [카메라(◎)] 앱을 터치하여 실행합니다. 카메라 앱의 홈 화면이 나타납니다. 상단의 도구 패널에는 '설정', '플래시', '타이머', '화면 비율', '필터'와 관련된 메뉴가 있습니다. 먼저 카메라의 환경을 설정하기 위해 왼쪽 상단의 [설정(⚙)]을 터치합니다.

02 수평을 맞춰 촬영하기 위해 '카메라 설정' 화면을 위로 스크롤합니다. [일반] – [수직/수평 안내선]을 터치하여 활성화합니다. 카메라 화면에 보이지 않았던 9등분의 실선이 나타납니다.

화면에 9등분의 흰색 실선이 나타납니다.

03 다시 '카메라 설정' 화면으로 돌아와 화면을 위로 스크롤합니다. 동영상을 촬영할 때 화면의 흔들림을 최소화하기 위해 [동영상] – [동영상 손떨림 보정]을 터치하여 활성화합니다.

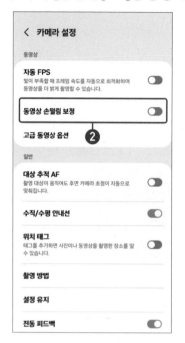

04 이어서 촬영 방법을 설정하기 위해 [일반] – [촬영 방법]을 터치합니다. 스마트폰의 기본 촬영 방법은 [음량 버튼 누르기]로 되어 있습니다. 카메라 홈 화면의 [촬영(◉)] 버튼 외에 스마트폰 측면에 있는 음량 버튼을 눌러 사진이나 동영상을 촬영할 수 있습니다.

05 [음성 명령]을 터치하여 활성화하면 '스마일', '김치', '촬영', '찰칵'과 같은 음성 명령을 통해 간편하게 사진을 찍을 수 있습니다. '동영상 촬영'이라고 말하면 동영상이 촬영됩니다.

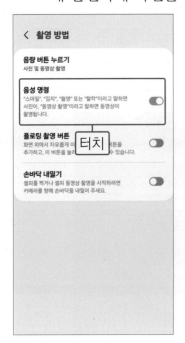

▲ 사진 촬영일 때

▲ 동영상 촬영일 때

06 [손바닥 내밀기]를 터치하여 활성화합니다. 전면 카메라로 전환한 상태에서 카메라를 향해 손바닥을 내밀면 사진이나 동영상을 촬영할 수 있습니다.

▲ 전면 카메라일 때

 잠깐

카메라 화면 전환하기

후면 카메라인 상태에서 카메라 홈 화면 오른쪽 하단의 [전면 카메라로 전환(⊙)] 버튼을 터치하면 카메라의 화면이 전환됩니다. 반대로 전면 카메라인 상태에서 [후면 카메라로 전환(⊙)] 버튼을 터치하면 후면 카메라로 전환됩니다.

▶ 플래시 기능 살펴보기

01 다시 카메라 앱의 홈 화면으로 돌아옵니다. 이번에는 어두운 곳에서 촬영할 수 있게 도와주는 플래시 기능을 살펴보겠습니다. 상단의 도구 패널에서 [플래시(⚡)]를 터치합니다. 가장 오른쪽에 있는 ⚡ 아이콘을 터치한 후 [촬영(◉)] 버튼을 터치하면 플래시가 터지면서 사진이 촬영됩니다. 플래시를 끄고 싶으면 ⚡ 아이콘을 터치하세요.

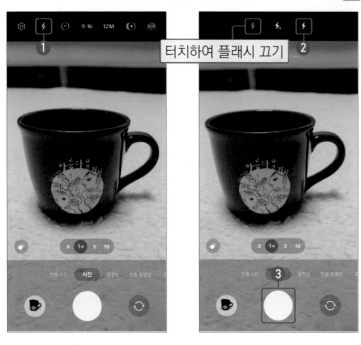

터치하여 플래시 끄기

 잠깐

플래시 아이콘 종류 알아보기
- ⚡ **(플래시 끄기)** 사진이나 동영상을 촬영할 때 플래시를 끕니다.
- ⚡ **(자동 플래시)** 사진이나 동영상을 촬영할 때 주변이 어둡다고 인식되면 플래시가 켜지고, 밝다고 인식되면 플래시가 꺼집니다.
- ⚡ **(플래시 켜기)** 사진이나 동영상을 촬영할 때 플래시가 항상 켜집니다.

▶ 타이머 기능 살펴보기

01 여행을 가서 단체 사진을 찍을 때 타이머를 설정해 두면 시간 간격을 두고 여유롭게 촬영할 수 있습니다. 타이머를 설정하기 위해 [타이머(⊙)]를 터치합니다. [2초], [5초], [10초] 중에서 원하는 시간을 터치하여 타이머를 설정한 후 [촬영(◯)] 버튼을 터치합니다.

02 화면 상단에 설정한 시간에 따라 숫자가 표시되고 시간이 지나면 사진이 촬영됩니다. 타이머를 해제하고 싶으면 ⊙ 아이콘을 터치합니다.

▲ 타이머 '2초'일 때　　　　▲ 타이머 '5초'일 때

▶ 촬영 비율 살펴보기

01 이번에는 촬영 비율을 선택해 보겠습니다. [9:16]을 터치한 후 [3:4], [9:16], [1:1] 중에서 원하는 비율을 터치합니다. '3:4' 비율은 카메라 앱의 기본 설정값으로 가장 많이 사용되는 비율입니다. '9:16' 비율은 풍경이나 큰 건축물을 촬영하기에 적합하며, '1:1' 비율은 인스타그램과 같은 소셜 미디어에 많이 사용되는 비율입니다.

▲ 3:4 비율

▲ 9:16 비율

▲ 1:1 비율

잠깐

스마트폰을 회전하면 촬영 비율이 달라져요!
스마트폰을 회전하면 촬영 비율이 달라집니다. '3:4' 비율에서 스마트폰을 가로로 회전하면 '4:3' 비율로 바뀌고, 아래 그림처럼 '9:16' 비율에서 스마트폰을 가로로 회전하면 '16:9' 비율로 바뀝니다.

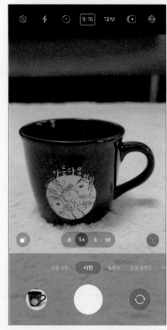
▲ 스마트폰을 세로로 들었을 때

▲ 스마트폰을 가로로 회전했을 때

▶ 사진 촬영하기

01 카메라 홈 화면 하단의 [촬영(⬤)] 버튼을 터치하면 사진을 찍을 수 있습니다. 오른쪽 하단의 [전면 카메라로 전환(🔄)] 버튼을 터치하면 카메라의 화면이 전환됩니다.

▲ 후면 카메라

▲ 전면 카메라

02 전면 카메라로 얼굴 사진을 찍을 때 필터를 적용하고 싶다면 **오른쪽 상단의 [필터(◈)]**를 터치합니다. [필터] 탭을 터치하고 하단의 필터 메뉴에서 마음에 드는 필터를 터치하여 적용해 봅니다. 하단의 조절바를 드래그하면 필터의 강도를 조절할 수 있습니다.

필터 다운로드하는 방법

① 더 다양한 필터를 다운로드하는 방법을 알아볼까요? 왼쪽 하단의 [+]를 터치한 후 [필터 다운로드]를 터치합니다. '카메라 특수 효과' 화면이 나타나고 카테고리별로 정리된 다양한 필터가 나타납니다. 마음에 드는 필터의 ⬇ 버튼을 터치하면 필터가 다운로드됩니다. 이때 유료 필터를 다운로드하면 소액결제가 진행되므로 주의합니다.

② [필터 만들기]를 터치하면 스마트폰에 저장되어 있는 사진을 필터로 만들 수 있습니다. 사진을 선택한 후 [만들기]를 터치하면 필터 목록에 추가한 사진이 나타납니다.

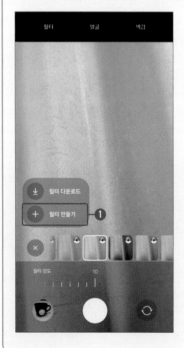  

03 [얼굴] 탭을 터치합니다. 얼굴 탭에는 피부의 잡티를 제거해 주는 [부드럽게(◐)], 피부의 밝기를 조정해 주는 [톤(◉)], 얼굴의 윤곽을 조정하는 [턱선(◡)], 눈의 크기를 조절하는 [눈(◉)] 기능이 있습니다.

04 [색감] 탭을 터치합니다. [자연스럽게]를 터치하면 자연스러운 색감의 필터가 적용되고, [화사하게]를 터치하면 화면의 색감을 밝게 올리는 필터가 적용됩니다. [후면 카메라로 전환(◯)] 버튼을 터치합니다.

▶ 동영상 촬영하기

01 이번에는 동영상을 촬영하기 위해 하단의 [동영상] 탭을 터치합니다. 사진 촬영과 마찬가지로 [전면 카메라로 전환(◎)] 버튼을 터치하면 카메라의 화면이 전환됩니다. [촬영(◎)] 버튼을 터치하면 동영상이 촬영되고, [정지(■)] 버튼을 터치하면 촬영이 종료됩니다.

02 필터를 적용해 동영상을 촬영하고 싶다면 상단의 [필터(◎)]를 터치합니다. [필터] 탭을 터치하고 원하는 필터를 선택한 후 하단의 조절바를 드래그하여 필터의 강도를 조절합니다. 0에 가까울수록 필터의 색감이 약해지고, 10에 가까울수록 필터의 색감이 강해집니다.

03 [얼굴] 탭을 터치하면 피부결을 부드럽게 표현할 수 있습니다. 하단의 조절바를 드래그하여 부드럽게 효과의 강도를 조절합니다. 0에 가까울수록 원본에 가까워지고, 8에 가까울수록 부드러운 효과가 강하게 적용됩니다.

04 동영상은 사진과 다르게 해상도를 선택할 수 있습니다. 영상의 화질은 픽셀로 이루어져 있는데 여기서 픽셀이란 화면을 이루는 가장 작은 단위의 면적을 뜻합니다. 픽셀의 수가 많을수록 해상도의 선명도가 높아집니다. 상단의 [FHD 60]을 터치한 후 [UHD], [FHD], [HD] 중에서 해상도를 선택합니다. 'UHD 〉 FHD 〉 HD' 순서로 해상도가 선명합니다.

 잠깐

용어 설명
- UHD(Ultra High Definition): 3840x2160 크기의 초고화질 해상도로 용량이 큽니다.
- FHD(Full High Definition): 1920x1080 크기의 HD보다 선명한 화질의 해상도입니다.
- HD(High Definition): 1280x720 크기의 고화질 해상도입니다.
- FPS(Frames Per Second): 1초에 프레임이 표시되는 속도를 의미합니다. 숫자가 클수록 영상이 끊기지 않고 재생됩니다.

촬영 모드 추가하기

① 하단의 [더보기] 탭을 터치하면 '파노라마', '슬로우 모션', '하이퍼랩스' 등 다양한 촬영 모드를 선택할 수 있습니다.

② 원하는 촬영 모드를 화면 아래쪽으로 드래그하여 추가할 수 있습니다. 예시로 [프로] 모드를 길게 터치하여 하단의 [인물 동영상] 탭 오른쪽으로 드래그한 후 저장해 봅니다.

01 영상을 직접 촬영하기 어려운 경우에는 사이트에서 영상을 다운로드해 사용할 수 있습니다. 먼저 [Google(G)] 앱을 터치합니다. 검색창에 '픽셀스'를 입력하고 상단의 픽셀스(Pexels) 링크를 터치합니다.

픽셀스(Pexels)란?
픽셀스(Pexels)는 포토그래퍼들이 업로드해 놓은 사진이나 동영상 파일을 무료로 다운로드할 수 있는 사이트입니다. 다운로드한 사진이나 동영상은 마케팅 자료, 영상 제작 등에 사용할 수 있습니다. 픽셀스는 정기적으로 사이트 업데이트를 진행하고 있습니다. 업데이트 시 메뉴, 디자인 등이 변경되어 학습 시점의 화면과 교재의 이미지가 다를 수 있습니다.

02 픽셀스 홈 화면에서 🖻^ 버튼을 터치한 후 [동영상]을 터치합니다. 검색창에 '여행'을 입력하고 🔍 아이콘을 터치해 검색합니다.

03 동영상의 비율을 설정하기 위해 [필터]를 터치한 후 [수평]을 터치합니다. 이때 [수평]은 '16:9'의 가로 화면 비율, [수직]은 '9:16'의 세로 화면 비율, [정사각형]은 1:1의 정방향 비율을 의미합니다.

04 다양한 동영상 파일 중에서 마음에 드는 영상을 선택합니다. 미리보기 화면에서 영상을 확인하고 [일시정지(▮▮)]를 터치해 영상을 멈춘 후 오른쪽 상단의 [무료 다운로드] 버튼을 터치해 동영상을 다운로드합니다.

영상 다운로드

 잠깐 카메라 앱을 실행해 QR 코드를 스캔한 후 화면에 뜨는 링크를 터치하면 예제와 동일한 영상을 다운로드할 수 있는 사이트로 연결됩니다.

05 이번에는 검색창에 '숲'을 입력하고 🔍 아이콘을 터치해 검색한 후 마음에 드는 영상을
선택합니다. 오른쪽 상단의 [무료 다운로드] 버튼을 터치해 동영상을 다운로드합니다.

영상 다운로드

06 마지막으로 검색창에 '바다'를 입력하고 🔍 아이콘을 터치해 검색한 후 [필터] – [수직]을
선택합니다. 마음에 드는 영상을 선택한 후 오른쪽 상단의 [무료 다운로드] 버튼을 터치
해 동영상을 다운로드합니다.

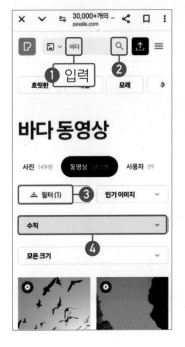

영상 다운로드

픽셀스에서 다운로드한 파일의 저작권 알아보기

픽셀스에서 다운로드한 사진과 동영상은 모두 무료로 사용할 수 있습니다. 다운로드한 사진이나 동영상을 사용할 때 반드시 출처를 밝혀야 하는 것은 아니지만, 유튜브에 업로드할 경우 설명란에 출처를 표기해 놓는 것이 좋습니다.

07 스마트폰 홈 화면에서 [갤러리(✹)] 앱을 터치하여 픽셀스에서 다운로드한 파일을 확인합니다.

01 픽셀스에서 '요리'를 검색한 후 [필터] – [수평]을 선택하고 마음에 드는 영상을 다운로드해 봅니다.

02 이번에는 '운동'을 검색한 후 [필터] – [수직]을 선택하고 마음에 드는 영상을 다운로드해 봅니다.

02 캡컷(CapCut) 시작하기

- 캡컷 앱 설치하고 로그인하기
- 캡컷 환경 설정하기
- 캡컷 홈 화면 살펴보기
- 편집 공간 레이아웃 살펴보기
- 템플릿을 활용한 영상 편집하기

미/리/보/기

본격적으로 영상 편집에 대해 알아보겠습니다. 먼저 영상 편집 앱인 '캡컷(CapCut)'을 설치한 후 캡컷 앱의 홈 화면과 편집 공간 레이아웃을 살펴보겠습니다. 나아가 캡컷의 템플릿을 활용해 간단하게 영상 편집하는 방법까지 알아보겠습니다.

캡컷 앱 설치 후 환경 설정하기

▶ 캡컷 앱 설치하기

01 Play 스토어(▶) 앱을 실행한 후 검색창에 '캡컷'을 입력합니다. 관련 앱 목록이 나타나면 'CapCut - 동영상 편집 어플'의 [설치] 버튼을 터치하여 설치를 진행합니다. [열기] 버튼을 터치해 캡컷(✂) 앱을 실행합니다.

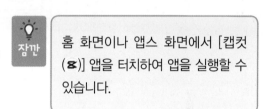
잠깐 | 홈 화면이나 앱스 화면에서 [캡컷(✂)] 앱을 터치하여 앱을 실행할 수 있습니다.

02 캡컷 앱 약관 동의 창에서 필수 항목에 모두 체크한 후 [동의합니다] 버튼을 터치합니다. 알림 허용 창에는 [허용 안함]을 터치합니다. 피드백을 위한 질문 화면이 나타나면 오른쪽 상단의 [건너뛰기]를 터치합니다.

잠깐 | 캡컷은 사용자의 성향을 파악하기 위해 앱을 시작하기 전에 몇 가지 설문조사를 진행하고 있습니다. 피드백을 주고 싶다면 설문조사를 진행해도 좋습니다.

▶ 캡컷 앱에 로그인하기

01 캡컷의 홈 화면이 나타납니다. 오른쪽 하단의 [나(옷)]를 터치합니다. 안드로이드폰은 구글 계정에 자동으로 동기화되어 있기 때문에 네 가지 로그인 방법 중 [Google로 로그인하기] 버튼을 터치합니다. 캡컷 앱에서 사용할 구글 계정을 선택합니다.

잠깐

틱톡(TikTok) 계정으로 로그인하기
만약 틱톡(♩) 앱에 로그인되어 있다면 [TikTok에 로그인하기] 버튼을 터치합니다. 틱톡과 캡컷 앱은 모두 'ByteDance' 회사의 플랫폼이기 때문에 하나의 계정으로 두 가지 앱에 연동하여 로그인할 수 있습니다.

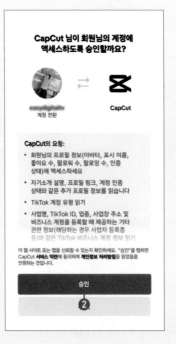

02 '로그인' 화면에서 생년월일을 설정하고 [확인] 버튼을 터치합니다. 로그인 과정을 마치면
프로필 화면이 나타납니다.

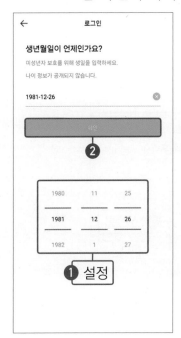

 캡컷 로그아웃하는 방법

다른 계정으로 로그인하기 위해 현재 계정에서 로그아웃하고 싶다면 오른쪽 하단의 [나(👤)]를 터치한
후 오른쪽 상단의 ≡ 아이콘을 터치합니다. 하단의 [로그아웃]을 터치하면 현재 계정에서 로그아웃할
수 있습니다.

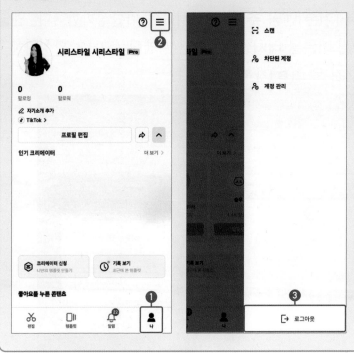

▶ 캡컷 앱 환경 설정하기

01 캡컷 앱의 언어를 설정하기 위해 하단의 [편집(✂)]을 터치하고 오른쪽 상단의 ⊚ 아이콘을 터치합니다. [앱 언어]를 터치합니다. 화면을 위로 스크롤한 후 다양한 언어 중에서 [한국어]를 선택합니다. 캡컷 앱의 모든 메뉴가 한국어로 변경됩니다.

02 이번에는 캡컷 로고를 비활성화하겠습니다. 왼쪽 상단의 ⟨를 터치합니다. 동영상 엔딩에 캡컷 로고가 나오지 않도록 [기본 엔딩 추가]를 터치하여 비활성화합니다. 엔딩을 삭제할 것이냐고 묻는 창의 [삭제] 버튼을 터치합니다. [기본 엔딩 추가]를 활성화해 놓으면 영상을 내보낼 때 영상 끝에 캡컷 로고(✂)가 나타납니다.

고객 지원 센터 살펴보기

1. 캡컷에서 영상을 편집하다 보면 궁금한 점이 생길 수 있습니다. 이때 캡컷 앱의 '고객 지원 센터'를 이용해 보세요. 캡컷 앱의 홈 화면에서 오른쪽 상단의 ⑦ 아이콘을 티치합니다. '고객 지원 센터' 화면이 나타나면 카테고리별로 정리된 질문을 확인할 수 있습니다.

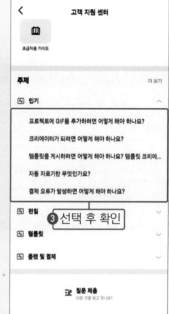

2. 상단의 [초급자용 가이드(⬛)]를 터치하면 캡컷 앱의 튜토리얼 영상을 시청할 수 있습니다.

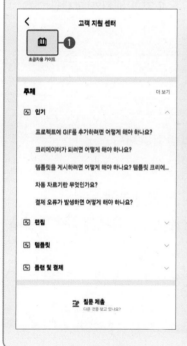
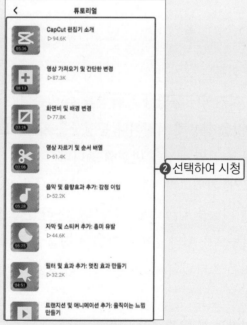

캡컷 홈 화면과 편집 공간 레이아웃 살펴보기

▶ 캡컷 홈 화면 살펴보기

01 캡컷의 홈 화면은 상단의 '도구 패널'과 중간의 '프로젝트', 하단의 '메뉴 바'로 나눌 수 있습니다. '도구 패널'에는 가장 많이 사용되는 캡컷의 편집 기능이 모여 있습니다. 오른쪽의 [확장(⌄)]을 터치하면 편집 기능을 한눈에 살펴볼 수 있습니다.

 잠깐 '도구 패널'의 편집 기능은 앱의 업데이트에 따라 무료 또는 유료로 전환될 수 있으며, 스마트폰의 운영 체제와 캡컷 앱의 버전에 따라 아이콘의 모양과 배치가 교재와 다를 수 있습니다.

- **사진 에디터( )** 사진을 원하는 크기로 자르거나 꾸밀 수 있습니다.
- **카메라( )** 앱에서 직접 사진이나 동영상을 촬영할 수 있습니다.
- **자동컷( )** 캡컷의 템플릿을 활용해 사진이나 동영상을 자동으로 편집합니다.
- **제품 사진( )** AI가 제품 사진의 배경을 변경해 줍니다.
- **AI 포스터( )** 원하는 크기, 카테고리, 내용을 입력하면 AI가 포스터를 제작해 줍니다.
- **AI 모델( )** AI 모델에게 의상을 입혀 보는 기능으로 온라인 쇼핑몰 운영자들에게 유용합니다.
- **AI 편집효과( )** 유료 기능으로 AI가 원하는 대로 사진을 편집해 줍니다.
- **텍스트-이미지( )** 원하는 스타일의 텍스트를 입력하면 AI가 멋진 이미지를 생성해 줍니다. 무료 사용 횟수는 총 3회입니다.
- **보정( )** 인물 사진의 얼굴과 몸을 보정할 수 있습니다.
- **자동 캡션( )** 동영상을 추가하면 자동으로 자막을 생성해 줍니다. 월 2회 무료로 사용할 수 있습니다.
- **텔레프롬프터( )** 유료 기능으로 대본을 보면서 영상을 촬영할 수 있습니다.
- **배경 제거( )** 사진에서 필요 없는 배경을 제거할 수 있습니다.
- **이미지 보정( )** 사진을 편집하거나 보정할 수 있습니다.

02 중간의 '프로젝트' 공간은 [+ 새 프로젝트]와 [프로젝트]로 나뉩니다. [+ 새 프로젝트] 버튼을 터치하면 사진이나 동영상을 편집을 할 수 있고, [프로젝트]에는 편집 중인 프로젝트가 누적되어 나타납니다.

▲ 새 프로젝트　　　　　　　▲ 프로젝트

03 캡컷의 편집 유형은 '편집'과 '템플릿'으로 나눌 수 있습니다. [편집(✂)]은 [+ 새 프로젝트] 버튼을 터치하여 직접 편집하는 것입니다. 반면에 [템플릿(▶)]은 캡컷 크리에이터가 제작한 1분 이내의 템플릿을 선택하여 사진이나 동영상을 편집하는 것입니다.

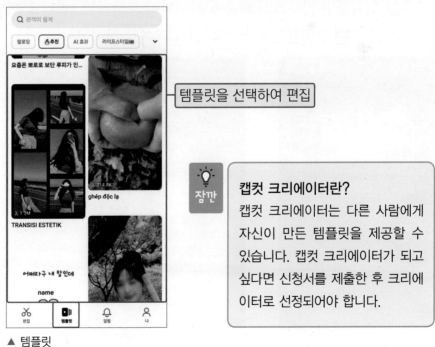

▲ 편집　　　　　　　　　　▲ 템플릿

> 💡 **잠깐**
>
> **캡컷 크리에이터란?**
> 캡컷 크리에이터는 다른 사람에게 자신이 만든 템플릿을 제공할 수 있습니다. 캡컷 크리에이터가 되고 싶다면 신청서를 제출한 후 크리에이터로 선정되어야 합니다.

▶ 편집 공간 레이아웃 살펴보기

01 [+ 새 프로젝트] 버튼을 터치한 후 편집할 동영상을 선택하면 편집 공간으로 이동합니다. 편집 공간은 크게 '내보내기', '미리보기', '타임라인', '도구 패널'로 나뉘어 있습니다. 먼저 화면 중간의 미리보기 화면은 편집한 영상을 미리 확인할 수 있는 공간입니다. [재생(▷)] 을 터치해 영상을 재생할 수 있고, [일시정지(Ⅱ)]를 터치해 영상을 멈출 수 있습니다.

02 미리보기 화면의 크기를 확대하거나 축소할 수도 있습니다. 왼쪽 중간에 있는 ⊡ 아이콘 을 터치하면 미리보기 화면이 확대되어 보입니다. 반대로 화면이 확대된 상태에서 오른쪽 하단의 ⊡ 아이콘을 터치하면 원래 크기로 돌아옵니다.

03 화면 하단의 타임라인 공간에서는 편집하고 있는 영상의 타임라인과 도구 패널을 살펴볼 수 있습니다. 영상에 텍스트를 입력하거나 오디오를 삽입하면 타임라인에 텍스트 클립과 오디오 클립이 나타납니다.

04 도구 패널은 영상 편집에 사용되는 도구로 '편집', '오디오', '텍스트', '편집효과', '템플릿', '필터' 등 편집에 필요한 다양한 기능들이 있습니다.

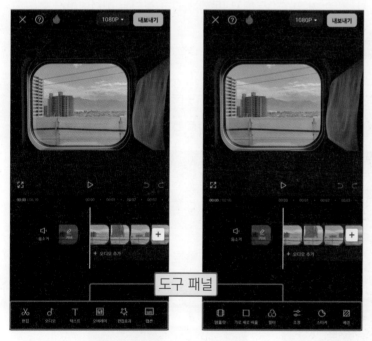

05 화면 오른쪽 상단의 내보내기 공간에서는 파일의 유형을 설정한 후 편집한 동영상을 내보낼 수 있습니다. [1080P] 버튼을 터치합니다. [동영상] 탭과 [GIF] 탭을 선택해 파일의 유형을 각각 설정할 수 있습니다.

GIF 파일이란?

GIF 파일은 최대 256 색상을 지원하며 압축률이 높아 용량이 낮습니다. 주로 여러 장의 이미지를 연속으로 나타낼 수 있어 블로그나 상세페이지, 각종 커뮤니티 등에서 '움짤'이라고 불리는 애니메이션 형식으로 사용됩니다.

06 영상 편집이 완성되면 오른쪽 상단의 [내보내기] 버튼을 터치합니다. 내보내는 작업이 100% 완료될 때까지 기다립니다. 작업이 완료되면 오른쪽 상단의 [완료]를 터치합니다.

03 템플릿으로 간단하게 영상 편집하기

01 템플릿을 활용해 간단하게 영상 편집하는 방법을 알아보겠습니다. 캡컷 홈 화면으로 돌아와 하단의 [템플릿( )]을 터치하고 마음에 드는 템플릿을 선택합니다. 오른쪽 하단의 [템플릿 사용] 버튼을 터치합니다. 권한 요청 창의 [허용] 버튼을 터치합니다.

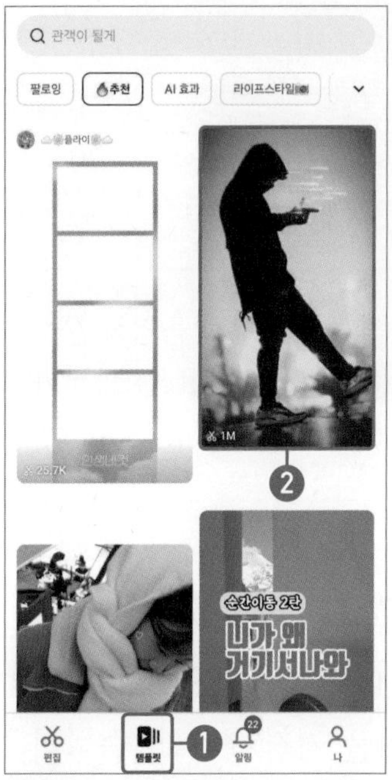

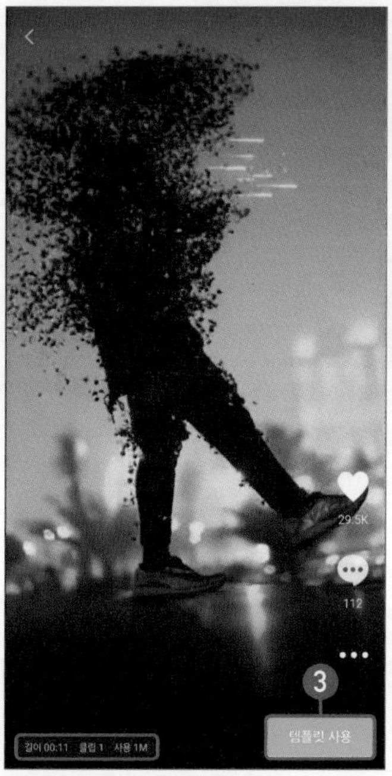

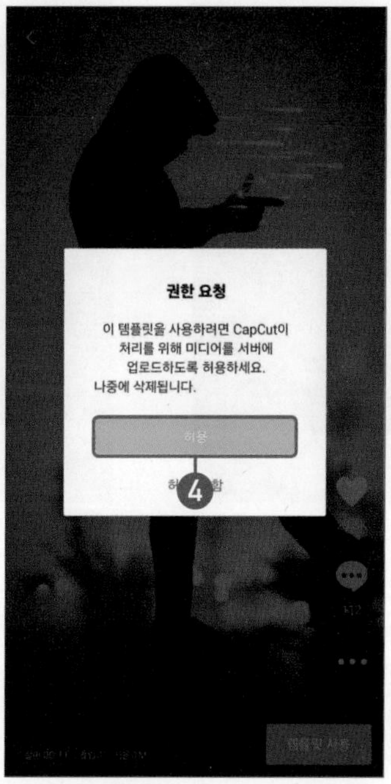

> **잠깐** 왼쪽 하단의 '길이'는 영상의 길이, '클립'은 필요한 파일의 개수, '사용'은 파일의 용량을 의미합니다.

02 템플릿에 필요한 클립의 개수에 맞춰 편집할 파일을 선택합니다. 이때 동영상과 사진을 혼합하여 선택할 수 있습니다. 선택이 완료되면 오른쪽 하단의 [다음] 버튼을 터치합니다.

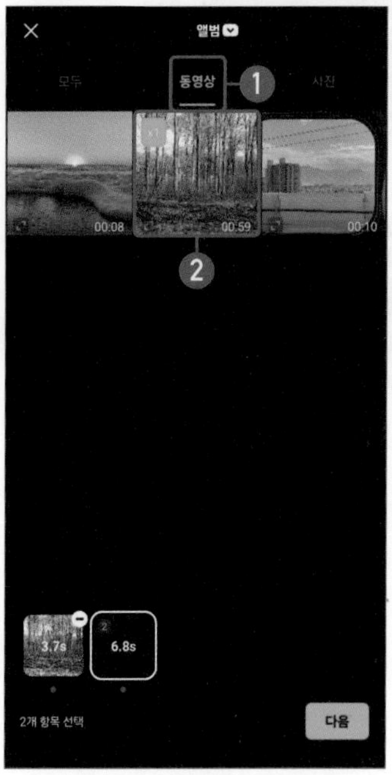

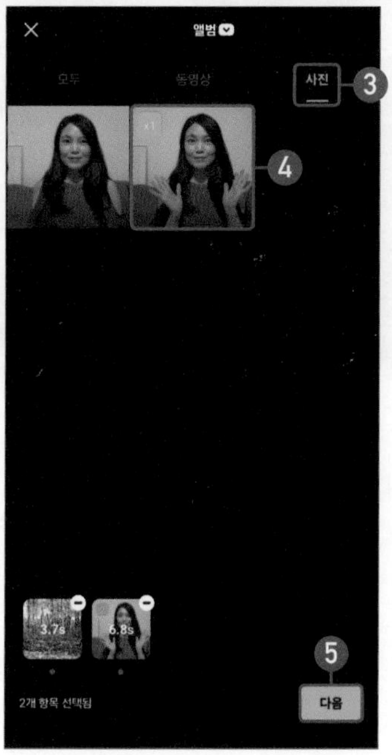

03 동영상 클립을 터치하면 하단의 메뉴에서 [교체(🔄)], [자르기(🔲)], [볼륨(🔊)]을 각각 터치해 동영상을 수정할 수 있습니다. 왼쪽 끝의 ◀ 버튼을 터치하여 돌아갑니다.

선택한 템플릿에 따라 동영상 클립을 터치하였을 때 나타나는 메뉴가 교재의 이미지와 다를 수 있습니다.

04 [오디오(🎵)]를 터치하면 템플릿에 사용할 오디오를 선택할 수 있습니다. 편집이 끝나면 오른쪽 상단의 [내보내기] 버튼을 터치하여 스마트폰에 파일을 저장합니다. 이때 [워터마크 없이 내보내기] 버튼을 터치하면 캡컷 로고가 보이지 않게 파일을 저장할 수 있습니다.

 마찬가지로 템플릿에 사용할 수 있는 기능이 [오디오(🎵)], [스티커(🔘)], [텍스트(T)] 등 선택한 템플릿에 따라 다를 수 있습니다.

01 하단의 [템플릿(▶‖)]을 터치하고 상단의 카테고리에서 [브이로그]를 선택합니다. 템플릿을 선택하고 [템플릿 사용] 버튼을 터치하여 영상을 편집한 후 저장해 봅니다.

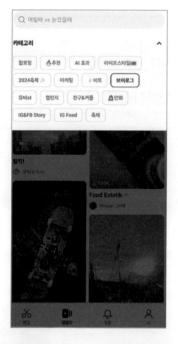  

 상단의 검색창 아래에 있는 ⌄를 터치하면 카테고리 창이 나타납니다.

02 하단의 [템플릿(▶‖)]을 터치하고 검색창에 '봄에 쓰기 좋은 템플릿'을 검색한 후 마음에 드는 템플릿을 선택해 봅니다.

03 영상 편집의 기초 배우기

- 새 프로젝트 실행하기
- 화면 비율 설정하기
- 불필요한 부분 삭제하기
- 동영상 추가하기
- 동영상 순서 바꾸기
- 영상 장면 편집하기

미·리·보·기

 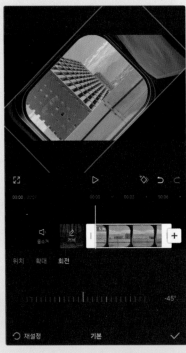 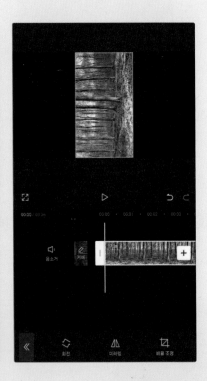

이번 장에서는 영상 편집의 기초를 배워보겠습니다. 캡컷 앱에서 새 프로젝트를 실행해 편집할 영상을 불러온 후 영상을 업로드할 플랫폼에 맞춰 화면의 비율을 설정해 봅니다. 영상에서 불필요한 부분을 삭제하는 방법과 영상의 순서를 바꾸고 장면에 변화를 주는 편집 기능도 함께 살펴보겠습니다.

화면 비율 설정하고 영상 삭제 및 추가하기

▶ 새 프로젝트 실행하고 화면 비율 설정하기

01 [캡컷(✂)] 앱을 실행한 후 하단의 [편집(✂)]을 터치하고 상단의 [+ 새 프로젝트] 버튼을 터치합니다. 액세스 허용 창의 [허용]을 터치합니다.

02 상단의 [앨범]을 터치해 폴더를 선택한 후 [동영상] 탭을 터치하고 편집할 영상을 선택합니다. 이때 [사진] 탭을 터치해 동영상과 사진 파일을 교차 선택할 수 있습니다. 예제에서는 '01장'에서 다운로드한 동영상 파일 중 하나만 선택하겠습니다. 파일 선택을 마친 후 오른쪽 하단의 [추가] 버튼을 터치합니다.

동영상과 사진
교차 선택 가능

03 플랫폼에 따라 화면의 비율이 다르기 때문에 먼저 영상을 업로드할 플랫폼에 맞춰 화면의 비율을 설정합니다. 도구 패널을 왼쪽으로 드래그하고 [가로 세로 비율(■)]을 터치합니다. 예제에서는 유튜브에 업로드할 영상을 만들기 위해 [16:9]를 선택합니다. 두 손가락으로 미리보기 화면을 터치하고 손가락을 벌려 동영상의 크기를 조절한 후 오른쪽 하단의 ✓를 터치합니다.

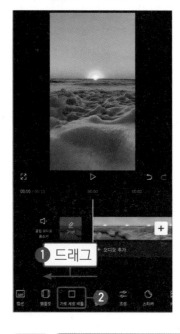

 잠깐

플랫폼별 화면 비율

틱톡은 '9:16'의 세로 화면 비율, 인스타그램은 '1:1'의 정방향 비율, 유튜브는 '16:9'의 가로 화면 비율을 사용하고 있습니다.

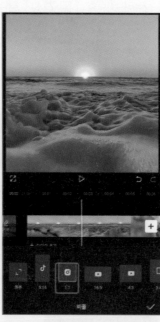
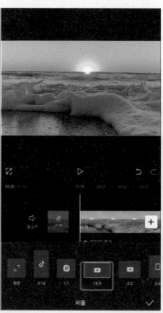

▲ 틱톡 (9:16)　　　　　▲ 인스타그램 (1:1)　　　　　▲ 유튜브 (16:9)

▶ 영상에서 불필요한 부분 삭제하기

01 영상에서 불필요한 부분을 삭제하기 위해 화면 중간의 [재생(▷)]을 터치합니다. 영상을 시청한 후 삭제할 부분의 시작 지점에서 [일시정지(Ⅱ)]를 터치합니다.

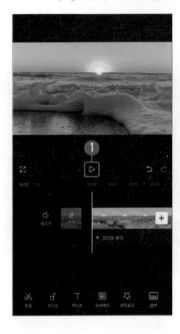

02 하단의 [편집(✂)]을 터치하면 동영상 클립 테두리에 하얀색 영역이 지정됩니다. 이때 하단의 [분할(Ⅱ)]을 터치하면 영상이 두 개로 나눠집니다.

03 다시 [재생(▷)]을 터치해 영상을 시청합니다. 삭제할 영상의 끝부분에서 [일시정지(❚❚)] 를 터치하고 하단의 [분할(工)]을 터치하면 영상이 세 개로 나눠집니다.

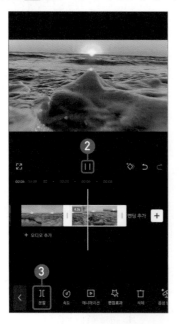

04 나눠진 영상 중에 불필요한 동영상 클립을 터치합니다. 클립의 테두리가 하얀색 영역으로 지정되었을 때 하단의 [삭제(▯)]를 터치하면 불필요한 영상이 삭제됩니다. 이와 같은 작업을 반복하여 영상에서 보여 줄 장면만 남겨 놓는 것이 영상 편집의 첫걸음입니다.

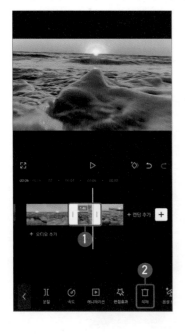
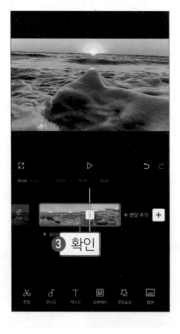

▶ 동영상 추가하고 순서 바꾸기

01 영상을 편집하는 중에 다른 영상을 추가하는 방법을 알아볼까요? 영상을 추가할 위치로 [재생 헤드]를 드래그하고 타임라인 오른쪽 끝에 있는 ⊕ 버튼을 터치합니다. 추가하고 싶은 동영상을 선택하고 오른쪽 하단의 [추가] 버튼을 터치합니다.

02 동영상을 선택한 순서대로 타임라인에 동영상 클립이 추가됩니다. 만약 동영상의 순서를 바꾸고 싶다면 동영상 클립을 길게 터치한 후 원하는 위치로 드래그합니다.

03 한 프로젝트 안에 여러 개의 파일이 있을 때 타임라인에서 전체 파일을 한눈에 살펴보고 싶다면 두 손가락으로 타임라인의 영역을 터치한 후 손가락을 오므려 타임라인을 축소할 수 있습니다. 반대로 손가락을 벌려 타임라인을 확대할 수도 있습니다. 타임라인에서 동영상 클립을 축소하거나 확대하여도 동영상의 길이는 변하지 않습니다.

재생 헤드로 영상 편집의 기준점 파악하기

타임라인에 있는 하얀색 세로 선은 '재생 헤드'입니다. 재생 헤드는 모든 영상 편집의 기준점입니다. 영상을 삭제할 때 재생 헤드로 삭제할 부분의 시작 지점과 끝 지점을 구분했던 것처럼 영상을 추가할 때에도 재생 헤드의 위치를 기준으로 파일이 삽입됩니다. 텍스트나 오디오를 삽입할 때에도 재생 헤드의 위치에 따라 삽입된다는 것을 꼭 기억하세요!

02 편집 기능으로 영상 장면 편집하기

▶ 위치, 확대, 회전(360°) 설정하기

01 타임라인에서 편집할 클립을 선택하고 하단의 도구 패널을 왼쪽으로 드래그합니다. 그리고 [기본(▣)]을 선택합니다.

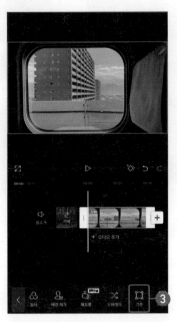

02 [위치] 탭을 터치합니다. X축은 화면을 왼쪽·오른쪽으로, Y축은 화면을 위·아래로 이동할 수 있습니다. X축은 0을 기준으로 오른쪽으로 드래그하여 숫자가 작아질수록 화면이 왼쪽으로 이동하며, 반대로 0을 기준으로 왼쪽으로 드래그하여 숫자가 커질수록 화면이 오른쪽으로 이동합니다.

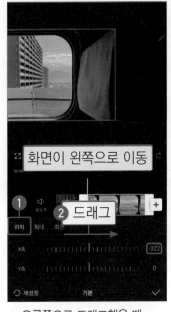
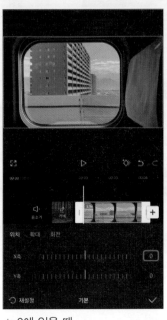
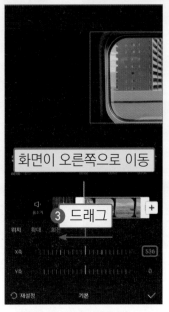

▲ 오른쪽으로 드래그했을 때   ▲ 0에 있을 때   ▲ 왼쪽으로 드래그했을 때

03 Y축은 0을 기준으로 오른쪽으로 드래그하여 숫자가 작아질수록 화면이 위쪽으로 이동하며, 반대로 0을 기준으로 왼쪽으로 드래그하여 숫자가 커질수록 화면이 아래쪽으로 이동합니다. 왼쪽 하단의 [재설정(◯)]을 터치한 후 기본의 모든 조정을 재설정할 것이냐고 묻는 창의 [확인] 버튼을 터치합니다.

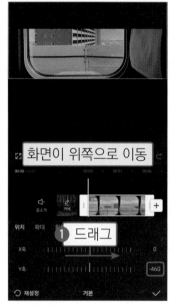

▲ 오른쪽으로 드래그했을 때

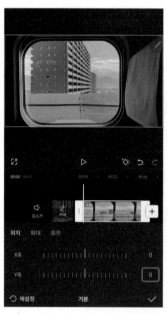

▲ 0에 있을 때

▲ 왼쪽으로 드래그했을 때

04 [확대] 탭을 터치합니다. 100%를 기준으로 오른쪽으로 드래그하여 0%에 가까워질수록 화면이 축소되며, 반대로 100%를 기준으로 왼쪽으로 드래그하여 1,000%에 가까워질수록 화면이 확대됩니다. 왼쪽 하단의 [재설정(◯)]을 터치한 후 기본의 모든 조정을 재설정할 것이냐고 묻는 창의 [확인] 버튼을 터치합니다.

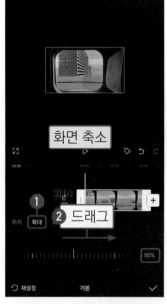

▲ 오른쪽으로 드래그했을 때

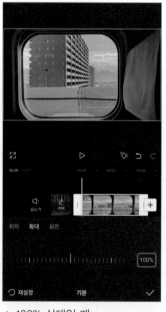

▲ 100% 상태일 때

▲ 왼쪽으로 드래그했을 때

05 [회전] 탭을 터치합니다. 0°를 기준으로 오른쪽으로 드래그하여 -360°에 가까워질수록 화면이 반시계 방향으로 회전하며, 반대로 0°를 기준으로 왼쪽으로 드래그하여 360°에 가까워질수록 화면이 시계 방향으로 회전합니다.

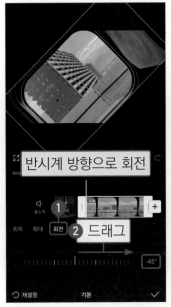

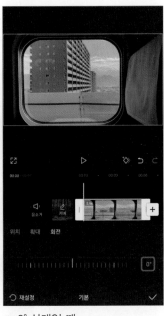

▲ 오른쪽으로 드래그했을 때　　　　▲ 0° 상태일 때　　　　▲ 왼쪽으로 드래그했을 때

06 '회전'의 설정값을 모두 초기화하기 위해 왼쪽 하단의 [재설정(↻)]을 터치합니다. 기본의 모든 조정을 재설정할 것이냐고 묻는 창의 [확인] 버튼을 터치합니다. 모든 설정이 초기화되면 오른쪽 하단의 ✓를 터치합니다.

 잠깐 　교재에서는 캡컷의 기능을 정확히 배우기 위해 예제에서 설명한 기능의 설정값을 모두 초기화한 후 다음 단계로 넘어갑니다. 앞으로의 예제를 따라 할 때 참고하세요.

잠깐

[편집(✂)] – [기본(◉)]에서 화면의 '위치', '확대', '회전' 값을 설정할 수 있지만, 미리보기 화면에서 드래그하여 간단하게 조정할 수도 있습니다. 타임라인에서 편집할 동영상 클립을 선택하고 미리보기 화면을 드래그하여 위치를 이동하거나 화면을 회전할 수 있습니다. 또한 두 손가락으로 터치한 후 드래그하여 화면을 축소하거나 확대할 수 있습니다.

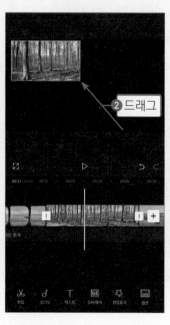

▶ 회전(90°), 미러링, 자르기 설정하기

01 타임라인에서 편집할 동영상 클립을 선택하고 하단의 도구 패널을 왼쪽으로 드래그합니다. 이어서 [변형 2(🔲)]를 터치합니다. [변형 2(🔲)]는 '회전', '미러링', '비율 조정' 등의 작업을 할 수 있습니다.

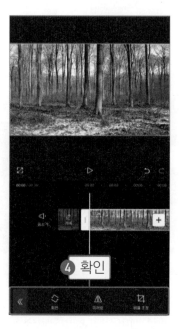

02 [회전(⬙)]을 여러 번 터치해 봅니다. 0°를 기준으로 [회전(⬙)]을 터치할 때마다 90°, 180°, 270°로 영상이 회전합니다. [기본(⬚)]의 [회전] 탭은 360°로 회전하지만, [변형 2(⬚)]의 '회전' 기능은 90°씩 단순한 각도로 회전한다는 점에서 차이가 있습니다.

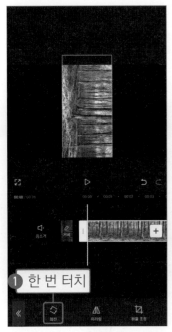

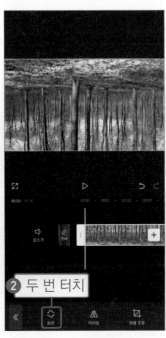

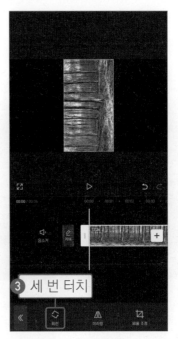

▲ 한 번 터치 (90° 회전) ▲ 두 번 터치 (180° 회전) ▲ 세 번 터치 (270° 회전)

03 이번에는 타임라인에서 미러링을 적용할 동영상 클립을 선택하고 [변형 2(⬚)]를 터치합니다. 그리고 [미러링(⬙)]을 터치합니다. '미러링'은 거울 효과로 터치하면 영상이 반전됩니다.

04 ↰ 아이콘을 터치하여 미러링을 실행 취소하고 [비율 조정(🔲)]을 터치합니다. 하단의 [9:16], [1:1] 등의 비율을 선택해 봅니다. '비율 조정' 기능은 영상의 일부분만 보여 주고 싶을 때 사용합니다. 하지만 프로젝트를 생성할 때 설정한 비율과 다른 비율을 선택하면 해상도가 낮아지고 화면에 검은색 여백이 생길 수 있으니 참고합니다.

 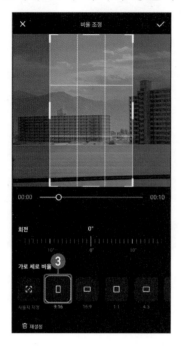 

05 예시로 [9:16]을 선택한 후 오른쪽 상단의 ✓를 터치해 봅니다. 영상에서 잘려나간 부분이 검은색 여백으로 채워졌습니다. 왼쪽 상단의 ✕를 터치해 프로젝트 화면을 닫아 줍니다.

01 스마트폰에 있는 영상을 새 프로젝트로 불러온 후 영상에서 불필요한 부분을 [편집(✂)]의 [분할(▯)]과 [삭제(▯)] 기능을 활용해 삭제해 봅니다.

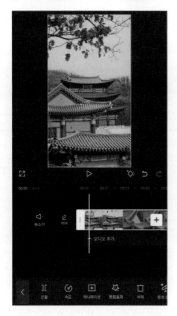 

02 타임라인에서 편집할 영상을 선택하고 [기본(▣)]의 [확대] 탭에서 영상을 '63%'로 축소한 후 [회전] 탭에서 '-18"로 영상을 회전시켜 봅니다.

 [확대] 탭과 [회전] 탭은 [편집(✂)] – [기본(▣)]에서 설정할 수 있습니다.

 **영상에 텍스트 추가하기**

- 영상에 텍스트 추가하기
- 텍스트 스타일 꾸미기
- 텍스트 애니메이션 적용하기
- 텍스트 클립 편집하기
- AI 기능으로 자동 캡션 생성하기
- 자동 캡션 편집하기

미/리/보/기

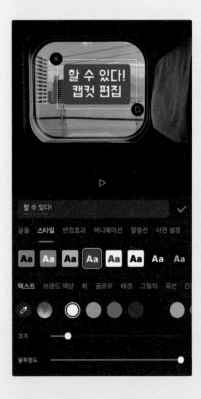 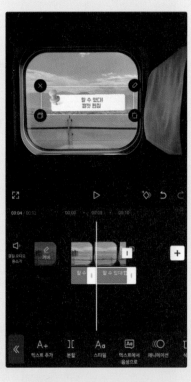 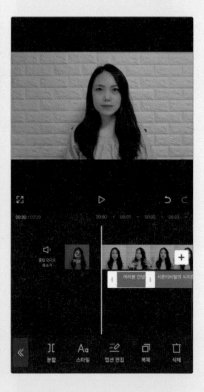

이번 장에서는 영상에 텍스트를 추가한 후 텍스트의 스타일을 꾸미는 방법과 애니메이션을 적용하는 방법에 대해 알아보겠습니다. 더불어 AI 기능을 활용해 영상에 자동으로 자막을 삽입하는 방법도 함께 살펴보겠습니다.

01 영상에 텍스트 추가하고 다양한 효과 적용하기

▶ 텍스트 추가하기

01 [캡컷(✂)] 앱을 실행한 후 홈 화면에서 [+ 새 프로젝트] 버튼을 터치합니다. '01장'에서 다운로드한 동영상 중 두 개를 선택하고 오른쪽 하단의 [추가] 버튼을 터치합니다.

02 영상에 텍스트를 추가해 보겠습니다. 텍스트를 추가할 위치로 [재생 헤드]를 드래그한 후 하단의 [텍스트(T)]를 터치합니다. 이어서 [텍스트 추가(A+)]를 터치합니다.

03 텍스트 입력란을 터치합니다. '할 수 있다! 캡컷 편집'을 입력한 후 ▣ 아이콘을 터치합니다. 텍스트를 입력할 때 키보드에서 ↵를 터치하면 단을 나눌 수 있습니다.

04 글꼴을 설정하기 위해 [글꼴] 탭 – [한국어] 탭에서 텍스트의 글꼴을 선택합니다. 다양한 글꼴을 터치하여 적용해 본 후 마음에 드는 글꼴을 선택하세요. 예제에서는 [고딕체]를 선택했습니다.

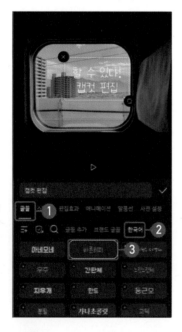  

 잠깐 스마트폰의 기기와 안드로이드의 버전에 따라 캡컷의 메뉴 구성과 위치가 교재 이미지와 다를 수 있습니다.

글꼴 사용 시 주의사항

글꼴을 선택할 때 오른쪽 상단에 [Pro]라고 표시되어 있는 것은 유료 글꼴입니다. 만약 무료 회원이 유료 글꼴을 사용하면 영상을 저장할 때 [CapCut Pro 가입하기] 창이 나타나고 영상을 저장할 수 없으니 이 점 참고하세요.

더불어 글꼴을 선택할 때 상업적 사용 허가 여부를 확인하는 것이 좋습니다. 아이콘을 터치해 아이콘으로 변경하면 상업적으로 사용할 수 있는 글꼴만 나타납니다. 글꼴을 사용할 때 저작권법을 준수하기 위해 해당 기능을 켜 놓는 것이 좋습니다.

▶ 텍스트 스타일 꾸미기

01 글꼴을 선택했다면 텍스트를 꾸미기 위해 [스타일] 탭을 터치합니다. 상단에 이미 만들어
진 스타일을 터치하여 적용해 보세요.

02 이번에는 직접 글꼴의 스타일을 편집해 보겠습니다. 왼쪽 끝의 ⊘ 아이콘을 터치하여 기
본 글꼴로 돌아갑니다. [텍스트] 탭을 터치한 후 마음에 드는 색상을 선택합니다.

03 텍스트의 크기를 조절해 봅니다. 크기 조절바를 왼쪽으로 드래그하여 숫자가 작아질수록 텍스트의 크기가 작아집니다. 반대로 **오른쪽으로** 드래그하여 숫자가 커질수록 텍스트의 크기가 커집니다. 적당한 크기로 설정해 봅니다. 예제는 크기를 '12'로 설정하였습니다.

04 텍스트에 색상 테두리를 넣기 위해 [획] 탭을 터치합니다. 테두리의 색상을 선택하고 너비 조절바를 왼쪽으로 드래그합니다. 숫자가 작아질수록 획의 두께가 얇아집니다. 반대로 **오른쪽으로** 드래그하여 숫자가 커질수록 획의 두께가 두꺼워집니다. 왼쪽 끝의 ◎ 아이콘을 터치해 획을 삭제합니다.

05 [배경] 탭을 터치합니다. 배경 스타일을 선택한 후 색상을 선택합니다. 하단의 조절바를 드래그하면 배경의 '불투명도', '모서리 반지름', '높이' 등을 설정할 수 있습니다. 왼쪽 끝 의 ⬛◎ 아이콘을 터치해 배경을 삭제합니다.

06 이번에는 텍스트의 방향과 문장 사이의 간격을 조절하기 위해 [간격] 탭을 터치합니다. 정렬 아이콘을 터치해 텍스트의 방향을 설정할 수 있습니다. 줄 간격 조절바를 오른쪽으 로 드래그하면 문장 사이의 간격이 넓어집니다.

▶ 편집효과 적용하기

01 [편집효과] 탭을 터치하고 마음에 드는 편집효과를 선택하여 적용해 봅니다. 오른쪽 상단에 [Pro]라고 표시되어 있는 것은 유료 회원만 사용할 수 있습니다. ⊘를 터치해 원래 글꼴로 돌아옵니다.

▶ 애니메이션 적용하기

01 이번에는 [애니메이션] 탭을 터치한 후 [인] 탭의 [나선]을 터치해 봅니다. '인'은 텍스트가 나타날 때 적용하는 효과입니다. 이어서 [아웃] 탭의 [웨이브 아웃]을 터치해 봅니다. '아웃'은 텍스트가 사라질 때 적용하는 효과입니다. [반복] 탭의 [텍스트 사격 2]를 터치해 봅니다. '반복'은 지정된 길이에서 계속 반복하여 움직이는 효과입니다. [없음(⊘)]을 터치해 원래 글꼴로 돌아옵니다.

잠깐

애니메이션 속도 설정하기

하단의 조절바에서 애니메이션의 속도를 설정할 수 있습니다. '인' 효과는 하단의 파란색 조절바에서 속도를 조절합니다. 오른쪽으로 드래그하면 효과의 속도가 느려지고, 왼쪽으로 드래그하면 효과의 속도가 빨라집니다. '아웃' 효과는 하단의 빨간색 조절바에서 속도를 조절합니다. 오른쪽으로 드래그하면 효과의 속도가 빨라지고, 왼쪽으로 드래그하면 효과의 속도가 느려집니다. '인', '아웃' 효과를 모두 적용하면 효과의 속도를 동시에 조절할 수 있습니다.

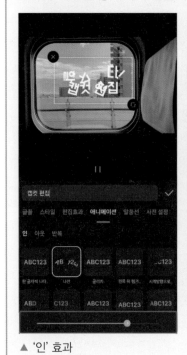
▲ '인' 효과

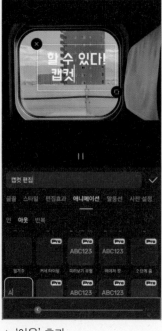
▲ '아웃' 효과

▲ '인&아웃' 효과

▶ 말풍선 적용하기

01 만화의 말풍선처럼 텍스트를 꾸미기 위해 [말풍선] 탭을 터치한 후 마음에 드는 말풍선을 선택합니다. 예제에서는 [Work hard] 말풍선을 선택했습니다.

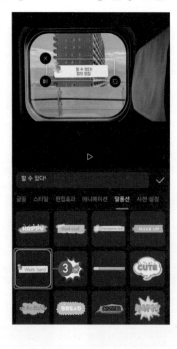

 잠깐

캡컷은 스마트폰의 기기와 버전에 따라 메뉴의 위치가 달라집니다. 만약 교재 이미지와 메뉴 구성이 다를 경우 [말풍선] 탭은 [템플릿] 탭 안에 있으니 참고하세요.

02 다양한 방법으로 텍스트를 꾸며 보았습니다. 말풍선 효과를 적용하기 위해 **오른쪽 중간의**
를 터치합니다. 타임라인에 텍스트 클립이 생성됩니다.

스타일, 애니메이션, 편집효과 메뉴의 위치

[텍스트(**T**)] – [텍스트 추가(**A+**)]에서 텍스트를 입력한 후 텍스트의 스타일을 수정하고 싶을 때는 타임
라인의 텍스트 클립을 터치합니다. 텍스트를 꾸밀 수 있는 [스타일(**Aa**)], [애니메이션(**O**)], [편집효과(**A**)]
등의 메뉴를 바로 선택할 수 있습니다.

텍스트 클립 편집하기

▶ 텍스트 클립 길이 조절하고 분할하기

01 텍스트를 삽입한 후에는 가장 먼저 텍스트의 길이를 조절해야 합니다. 텍스트를 그만 나오게 할 지점까지 [재생 헤드]를 드래그한 후 텍스트 클립을 터치합니다. 그리고 클립의 테두리를 드래그해 원하는 길이만큼 조절해 봅니다.

02 이번에는 텍스트 클립을 나누고 싶은 위치까지 [재생 헤드]를 드래그한 후 하단의 [분할 (❨ ❩)]을 터치합니다. 이렇게 텍스트 클립을 나누면 텍스트의 스타일을 유지한 채 내용을 수정할 수 있습니다. 미리보기 화면에서 텍스트를 터치한 후 내용을 수정합니다.

▶ 텍스트 클립 삭제하고 복제하기

01 이번에는 필요 없는 텍스트 클립을 삭제해 보겠습니다. 하단의 도구 패널을 왼쪽으로 드래그하고 '누구나 쉽게 배워요' 클립이 선택된 상태에서 [삭제(🗑)]를 터치합니다. 텍스트 클립이 삭제됩니다.

02 같은 내용의 텍스트가 필요할 때는 텍스트를 복제할 수도 있습니다. 타임라인에서 복제할 텍스트 클립을 선택한 후 도구 패널을 왼쪽으로 드래그하고 [복제(📋)]를 터치합니다. 타임라인과 미리보기 화면에서 복제된 텍스트를 확인할 수 있습니다. 왼쪽 상단의 ✖를 터치합니다.

 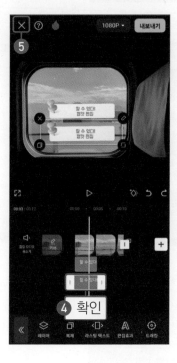

> 💡 **잠깐**
>
> 텍스트 클립을 복제하면 미리보기 화면에는 기존의 텍스트와 복제된 텍스트가 겹쳐 있습니다. 타임라인에서 복제된 텍스트 클립을 선택하고 미리보기 화면에서 텍스트를 드래그하면 복제된 텍스트를 확인할 수 있습니다.

▶ 자동 캡션 생성하기

01 자막을 직접 입력할 수도 있지만 자동으로 자막을 생성할 수도 있습니다. 자동으로 자막을 생성할 때에는 음성이 있는 동영상 파일이 필요합니다. 자기소개 동영상을 2분 내외로 촬영한 후 캡컷 홈 화면의 [+ 새 프로젝트] 버튼을 터치합니다. 자기소개 영상을 선택한 후 오른쪽 하단의 [추가] 버튼을 터치합니다.

02 하단의 [텍스트(**T**)]를 터치한 후 [자동 캡션(☰)]을 선택합니다.

 잠깐

무료 회원의 경우 자동 캡션 기능을 월 2회 무료로 사용할 수 있습니다. 무료 사용 횟수는 매달 초에 갱신됩니다.

03 자동 캡션 창에서 [동영상]을 터치하고 오른쪽 상단의 [언어: 자동 〉]을 터치합니다. 소스 언어 창에서 [한국어]를 선택하고 ⊙ 아이콘을 터치해 자동 캡션 창으로 돌아갑니다.

04 하단의 [생성] 버튼을 터치합니다. 캡션 생성이 100% 될 때까지 기다립니다. 타임라인에 자동 캡션 클립이 생성되었습니다.

 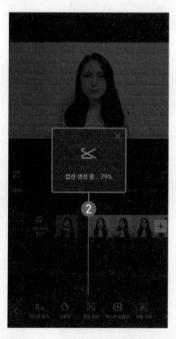 

 자동 캡션 창의 '템플릿'과 '이중 언어 캡션' 기능은 Pro 기능으로 유료 회원만 사용할 수 있습니다.

▶ 자동 캡션 편집하기

01 자동 캡션은 동영상의 오디오가 불확실하면 내용이나 맞춤법이 틀리기 때문에 잘못된 문장은 수정해야 합니다. 타임라인에서 수정할 자동 캡션 클립을 터치하고 하단의 [캡션 편집(✏)]을 터치합니다. 수정할 문장을 선택합니다. 문장을 수정한 후 오른쪽 중간의 ☑를 터치합니다.

02 자동 캡션의 스타일을 변경해 볼까요? 스타일을 변경할 자동 캡션 클립을 선택하고 하단의 [스타일(Aa)]을 터치합니다. '글꼴', '스타일', '편집효과' 등을 적용해 봅니다. 이때 '자동 캡션에 적용'을 체크하여 캡션의 전체 스타일을 통일한 후 오른쪽 중간의 ☑를 터치합니다. 왼쪽 상단의 ☒를 터치해 프로젝트 화면을 닫아 줍니다.

스티커로 영상 꾸미기

① 영상에 스티커를 넣으면 귀여운 포인트가 되고, 감성적인 분위기를 연출할 수 있습니다. 영상에 스티커를 추가하는 방법을 알아보겠습니다. 스티커를 추가할 위치로 [재생 헤드]를 드래그하고 [텍스트(Ⓣ)]를 터치합니다. 그리고 [스티커(◑)]를 터치합니다. [스티커(◑)]는 새 프로젝트를 실행한 후 도구 패널을 왼쪽으로 드래그하여도 선택할 수 있습니다.

② 다양한 스티커 중에서 영상에 어울리는 스티커를 선택합니다. 오른쪽 중간의 ✔를 터치하면 타임라인에 스티커 클립이 생성됩니다. 스티커 클립을 선택한 후 하단의 도구 패널에서 [복제(▣)], [애니메이션(◐)] 등을 터치해 스티커를 편집할 수 있습니다.

  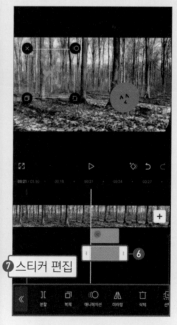

01 텍스트를 추가할 위치로 [재생 헤드]를 드래그한 후 [텍스트(T)] – [텍스트 추가(A+)]에서 '여행의 즐거움'이란 텍스트를 삽입합니다. 글꼴은 '가나초콜릿', 스타일은 '노란색의 검은색 획'을 적용한 후 애니메이션은 [반복] 탭의 [닦아내기]로 설정해 봅니다.

02 1분 이내의 자기 소개 영상을 새 프로젝트로 불러온 후 [텍스트(T)] – [자동 캡션(cc)]에서 [동영상], [한국어]를 선택해 자동 자막을 생성합니다. 그리고 [캡션 편집]에서 편집효과를 적용해 봅니다.

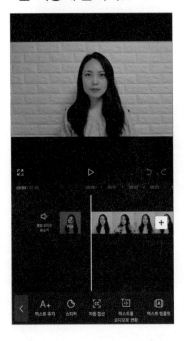  

05 영상에 음악 추가하기

- 영상에 배경 음악 추가하기
- 영상에 효과음 추가하기
- 무료 음원 다운로드하기
- 오디오 클립 편집하기
- 실시간 음성 녹음하기

미 / 리 / 보 / 기

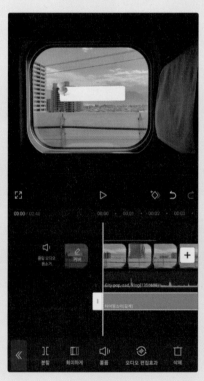

이번 장에서는 캡컷에서 제공하는 배경 음악, 효과음 등을 추가하는 방법과 무료 음원 사이트에서 음원 파일을 다운로드하여 캡컷 앱으로 불러오는 방법을 알아보겠습니다. 나아가 영상에 실시간 음성 녹음을 추가하는 방법까지 함께 살펴보겠습니다.

01   배경 음악과 효과음 추가하기

▶ 배경 음악 추가하기

01 캡컷 홈 화면에서 텍스트를 추가한 프로젝트를 선택합니다. 배경 음악을 추가할 위치로 [재생 헤드]를 드래그하고 하단의 [오디오(♪)]를 터치합니다.

02 [사운드(◉)]를 터치합니다. 배경 음악을 추가할 수 있는 화면으로 이동합니다.

03 상단의 다양한 카테고리 중 [여행(TRAVEL)]을 터치합니다. '여행'이라는 주제와 어울리는 다양한 음악이 목록으로 나타납니다.

 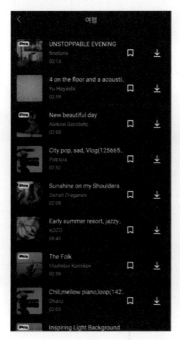

04 왼쪽 상단에 [Pro]라고 표시되어 있는 것은 유료 회원만 사용할 수 있습니다. 목록에서 음악을 터치해 미리 들어본 후 미리듣기를 멈추고 싶다면 **한 번 더 터치합니다.**

05 영상에 추가하고 싶은 음악은 **오른쪽**의 ⊞ **버튼**을 터치합니다. 타임라인에 오디오 클립이 생성되었습니다.

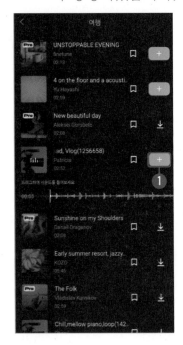 

 잠깐

캡컷 추천 배경 음악 사용하기

음악을 선택하기 어렵다면 캡컷에서 추천하는 음악을 사용해도 좋습니다. 먼저 [오디오(♫)] – [사운드(◉)]를 터치하고 🔥 탭을 터치합니다. 음악을 미리 들어 본 후 마음에 드는 음악은 **오른쪽**의 ⊞ 버튼을 터치합니다. 타임라인에 오디오 클립이 생성됩니다.

▶ 효과음 추가하기

01 이번에는 '사진 찍는 소리', '키보드 타이핑 소리', '사람들의 환호 소리' 등의 효과음을 추가해 볼까요? 왼쪽 끝의 █ 버튼을 터치합니다. 이어서 [사운드 FX(█)]를 터치합니다.

02 [트렌드], [퍼포먼스] 등의 탭을 터치하면 다양한 테마의 효과음을 살펴볼 수 있습니다. 예제에서는 [기계] 탭 – [타이핑소리(길게)]를 터치하여 미리 들어 봅니다. 효과음이 마음에 들면 오른쪽의 █ 버튼을 터치합니다. 타임라인에 오디오 클립이 생성되었습니다.

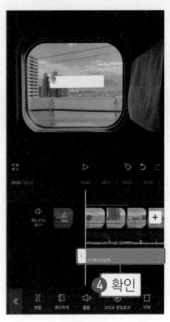

자주 사용하는 효과음 즐겨찾기에 등록하기

① 캡컷은 오디오, 텍스트, 스티커 등의 자주 사용하는 편집 메뉴를 즐겨찾기에 등록해 놓을 수 있습니다. 예제에서는 '사진 찍는 소리' 효과음을 즐겨찾기에 등록해 보겠습니다. 오른쪽의 🔖 아이콘을 터치합니다. 상단의 🔖 탭을 터치하면 즐겨찾기 목록에 효과음이 추가되었습니다.

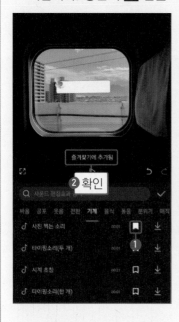 

② 즐겨찾기를 해제하고 싶다면 '사진 찍는 소리' 오른쪽의 🔖 아이콘을 터치합니다. 즐겨찾기 목록에서 효과음이 사라집니다.

무료 음원 다운로드하고 캡컷에서 편집하기

▶ 픽사베이(Pixabay)에서 무료 음원 다운로드하기

01 이번에는 무료 음원을 다운로드해 캡컷 앱으로 불러오는 방법을 알아보겠습니다. 스마트폰의 홈 화면에서 [Google()] 앱을 터치합니다. 검색창에 '픽사베이'를 입력하고 상단의 픽사베이(Pixabay) 링크를 터치합니다.

> **잠깐**
>
> **픽사베이(Pixabay)란?**
> 픽사베이(Pixabay)는 '01장'에서 소개한 픽셀스와 다르게 사진이나 동영상 파일뿐만 아니라 음원 파일까지 무료로 다운로드할 수 있는 사이트입니다. 픽사베이도 정기적으로 사이트 업데이트를 진행하고 있기 때문에 업데이트 시에 메뉴나 디자인 등이 교재의 이미지와 다를 수 있습니다.

02 픽사베이 홈 화면에서 오른쪽 상단의 ☰ 아이콘을 터치합니다. 메뉴 목록에서 [음악]을 선택합니다. 음악을 다운로드할 수 있는 화면으로 이동합니다.

03 [배경 음악], [피아노], [클래식] 등을 터치하면 음악의 테마를 선택할 수 있습니다. 화면을 위로 스크롤하면 음악 목록이 나오기 때문에 따로 테마를 지정하지 않아도 음악을 선택할 수 있습니다.

04 왼쪽의 [재생(▶)]을 터치하여 음악을 미리 들어 본 후 ⬇ 버튼을 터치해 마음에 드는 음악을 다운로드합니다. 스마트폰에 파일이 저장되면 하단의 [홈(○)] 버튼을 터치합니다.

05 홈 화면에서 [내 파일(▢)] 앱을 터치합니다. 카테고리에서 [오디오 파일(♪)]을 선택합니다.

06 [Download] 폴더를 선택하면 다운로드한 음원 파일을 확인할 수 있습니다. 음원 파일을 다운로드할 때마다 해당 경로에서 확인할 수 있습니다.

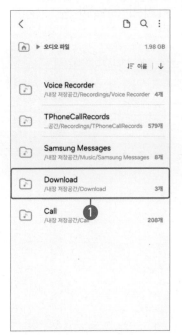
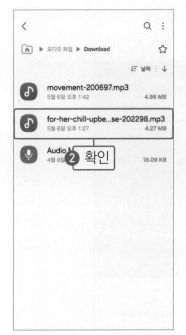

▶ 캡컷 앱에서 다운로드한 음원 파일 불러오기

01 다시 [캡컷(⊗)] 앱을 실행하고 [+ 새 프로젝트] 버튼을 터치해 동영상 파일을 선택하여 불러옵니다. 음원 파일을 추가할 위치로 [재생 헤드]를 드래그한 후 하단의 [오디오(♪)] 를 터치합니다. 그리고 [사운드(◔)]를 선택합니다.

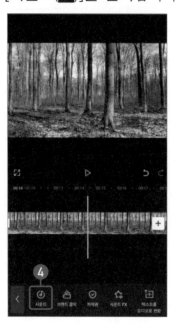

02 ■ 탭을 터치하고 [장치(🗀)] 버튼을 터치합니다. CapCut에서 기기의 음악과 오디오에 액세스하도록 허용하겠냐는 창의 [허용]을 터치합니다.

03 픽사베이에서 다운로드한 음원 파일을 찾기 위해 **검색창**을 터치합니다. 음원 파일명을 입력한 후 목록에 다운로드한 음원 파일이 나타나면 오른쪽의 ➕ 버튼을 터치합니다. 타임라인에 오디오 클립이 추가됩니다.

▶ 음원 파일 길이 조절하고 불필요한 음원 파일 삭제하기

01 음원 파일을 삽입한 후에는 영상의 어느 부분에서 음악이 재생되게 할 것인지 음원 파일의 위치를 정해야 합니다. 타임라인에서 오디오 클립을 터치한 후 영상에서 배경 음악을 넣고 싶은 부분까지 드래그합니다. 이어서 █ 버튼을 터치합니다.

02 불필요한 음원 파일을 삭제하기 위해 하단의 [오디오(♪)]를 터치합니다. 타임라인의 오디오 클립을 터치하면 편집 모드로 바뀝니다.

03 영상과 음원 파일의 길이를 일치시키기 위해 [재생 헤드]를 동영상 클립이 끝나는 부분까지 드래그한 후 하단의 [분할(][)]을 터치합니다. 오디오 클립이 두 개로 나눠지면 하단의 [삭제(🗑)]를 터치해 뒤쪽의 불필요한 오디오 클립을 삭제합니다.

▶ 음원 파일 볼륨 조절하기

01 음원 파일의 볼륨을 조절하기 위해 오디오 클립을 터치하고 [볼륨(◁)]을 터치합니다. 볼륨 조절바를 왼쪽으로 드래그하여 숫자가 작아질수록 볼륨이 작아지고, 오른쪽으로 드래그하여 숫자가 커질수록 볼륨이 커집니다. 볼륨을 조절한 후 오른쪽 하단의 ✅를 터치합니다.

02 영상이 시작될 때 배경 음악이 서서히 크게 들리도록 하고 싶다면 하단의 [희미하게(▯)]를 터치합니다. 페이드 인의 조절바를 오른쪽으로 드래그해 숫자가 커질수록 음악이 서서히 커지는 시간이 길게 적용됩니다. 오른쪽 하단의 ✅를 터치합니다.

03 영상이 끝날 때 배경 음악이 서서히 사라지게 하고 싶다면 하단의 [희미하게(▥)]를 터치합니다. 페이드 아웃의 조절바를 오른쪽으로 드래그해 숫자가 커질수록 음악이 서서히 사라지는 시간이 길게 적용됩니다. 오른쪽 하단의 ✅를 터치합니다

04 만약 '페이드 인'과 '페이드 아웃'을 동시에 적용하고 싶다면 [희미하게(▥)]를 터치한 후 페이드 인과 페이드 아웃의 조절바를 드래그하여 지속 시간을 설정합니다. 오른쪽 하단의 ✅를 터치하고 왼쪽 상단의 ❌를 터치해 프로젝트 화면을 닫아 줍니다.

03 영상에 실시간 음성 녹음 추가하기

01 영상을 소개하는 음성을 추가하고 싶을 때 '녹음' 기능을 사용할 수 있습니다. 캡컷 홈 화면에서 [+ 새 프로젝트] 버튼을 터치합니다. 음성 녹음을 추가할 동영상을 선택한 후 오른쪽 하단의 [추가] 버튼을 터치합니다.

02 타임라인의 [+ 오디오 추가]를 터치합니다. 도구 패널을 왼쪽으로 드래그하고 [녹음(🎤)]을 선택합니다. 음성 녹음 창이 나타납니다.

03 하단의  버튼을 터치한 후 CapCut에서 오디오를 녹음하도록 허용하겠냐는 창의 [앱 사용 중에만 허용]을 선택합니다.

04 다시 ⬤ 버튼을 터치합니다. 3초 뒤에 녹음이 시작됩니다. 녹음이 완료되면 ⬤ 버튼을 터치하여 녹음을 중지합니다.

05 녹음이 완료되면 **오른쪽 중간의 ✓를** 터치합니다. 타임라인에 녹음 클립이 생성됩니다. 녹음 클립의 편집 방법은 오디오 클립의 편집 방법과 동일합니다. 왼쪽 상단의 ✕를 터치해 프로젝트 화면을 닫아 줍니다.

 잠깐

음성 녹음 클립에 효과 추가하기

녹음한 목소리가 마음에 들지 않는다면 음성 녹음 클립에 효과를 추가하여 목소리를 변조할 수 있습니다. 타임라인에서 녹음 클립을 선택하고 [오디오 편집효과(◎)]를 터치합니다. [음성 유형] 탭을 터치합니다. 오른쪽 상단에 [Pro]라고 표시되어 있는 것은 유료 효과입니다. [사기꾼], [요정] 등의 효과를 터치하여 미리 들어 본 후 마음에 드는 효과를 선택하고 오른쪽 중간의 ✓를 터치하면 음성 효과가 적용됩니다.

01 [오디오(🎵)] – [사운드(🎵)]를 터치하고 [사랑(LOVE)] 카테고리에서 음악을 선택해 추가한 후 [볼륨(🔊)] – [희미하게(◨)]에서 '페이드 인'과 '페이드 아웃'을 적용해 봅니다.

 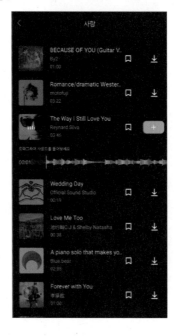 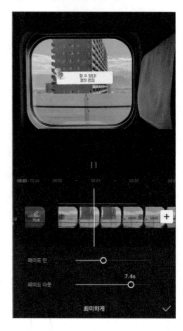

02 '숲' 영상을 새 프로젝트로 불러와 [오디오(🎵)] – [녹음(🎙)]을 터치해 영상을 설명하는 내레이션을 녹음한 후 음성 녹음 클립에 [음성 유형] 탭 – [다람쥐] 효과를 적용해 봅니다.

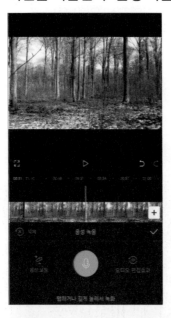 

 타임라인에서 효과를 적용할 음성 녹음 클립을 선택하고 하단의 [오디오 편집효과(◎)]를 터치합니다. [음성 유형] 탭 – [다람쥐] 효과를 선택하면 음성 효과가 적용됩니다.

06 영상에 필터 적용하고 색감 바꾸기

- 영상에 필터 적용하기
- 필터 편집하기
- 필터 즐겨찾기에 등록하기
- 영상 색감 세부 조정하기
- 사전 설정 등록 방법 알아보기
- 프로젝트 내보내기

미 / 리 / 보 / 기

지금까지 불필요한 영상 삭제하기, 텍스트 추가하기 등 기본적인 영상 편집 기능에 대해 알아보았습니다. 이번 장에서는 영상에 감성을 한 스푼 추가하는 필터 적용 방법과 영상의 분위기를 좌우하는 색감 조정 방법에 대해 알아보겠습니다. 그리고 작업한 프로젝트를 스마트폰 갤러리에 저장해 보겠습니다.

▶ 필터 적용하기

01 캡컷 홈 화면에서 배경 음악을 추가한 프로젝트를 선택합니다. 영상에 필터를 적용하기 위해 도구 패널을 왼쪽으로 드래그하고 [필터(⊛)]를 터치합니다. [필터] 탭에서 영상의 주제와 어울리는 카테고리를 선택합니다. 예제에서는 [풍경] 탭을 선택하였습니다.

02 필터에 따라 영상의 색감이 달라지기 때문에 다양한 필터를 터치하여 적용해 봅니다. 예제에서는 [황금빛 가을] 필터를 선택했습니다.

03 아래 조절바를 왼쪽으로 드래그하여 숫자가 작아질수록 필터의 색감이 연해집니다. 반대로 조절바를 오른쪽으로 드래그하여 숫자가 커질수록 필터의 색감이 진해집니다.

04 만약 필터의 적용을 취소하고 싶다면 **왼쪽 끝의 ▣** 아이콘을 터치합니다. 영상이 원본 상태의 색감으로 돌아옵니다.

 스마트폰의 기기와 안드로이드의 버전에 따라 캡컷의 메뉴 구성과 위치가 교재 이미지와 다를 수 있습니다.

▶ 필터 검색하기

01 필터를 적용해 보면서 마음에 드는 필터를 선택해도 되지만 원하는 분위기를 입력해 필터를 검색할 수도 있습니다. 왼쪽 끝의 🔍 아이콘을 터치합니다. 검색창에 '가을'을 입력합니다. '가을'과 관련된 필터가 검색 결과로 나타납니다.

02 마음에 드는 필터를 선택하고 조절바를 드래그해 필터의 색감을 조정해 봅니다. 예제에서는 [단풍, 92]로 설정했습니다. 오른쪽 하단의 [뒤로 가기(<)] 버튼을 두 번 터치합니다. 타임라인에 '단풍' 필터 클립이 나타납니다.

잠깐

자주 사용하는 필터 즐겨찾기에 등록하기

① 영상을 편집하다 보면 다양한 필터 중에서 자주 사용하는 필터가 생깁니다. 이때 자주 사용하는 필터를 한 공간에 모아 두는 '즐겨찾기' 기능이 있습니다. 예를 들어 [스타일] 탭 – [오래된 사진] 필터를 즐겨찾기에 추가하고 싶다면 필터를 길게 터치합니다. [즐겨찾기에 추가됨]이라는 메시지가 나타나고 🔖 탭을 선택하면 [오래된 사진] 필터가 즐겨찾기 목록에 나타납니다.

② 반대로 즐겨찾기를 해제하고 싶다면 필터를 길게 터치합니다. [즐겨찾기에서 제거됨]이라는 메시지가 나타나고 즐겨찾기로 추가하였던 필터가 목록에서 사라집니다.

▶ 필터 길이 조절하고 불필요한 필터 삭제하기

01 타임라인에 필터 클립이 생성되면 가장 먼저 필터의 길이를 조절해야 합니다. 필터 클립은 미디어 클립 한 개의 길이만큼 생성됩니다. 먼저 필터 클립을 선택합니다. 하얀색 테두리의 오른쪽 끝부분을 드래그하면 필터 클립의 길이를 줄이거나 늘릴 수 있습니다.

02 영상에 필터를 적용하고 싶지 않을 때에는 필터를 삭제할 수 있습니다. 필터를 삭제할 영상에 맞춰 [재생 헤드]를 드래그합니다. 하단의 [분할(▯)]을 터치하고 삭제할 클립을 선택합니다. 하단의 [삭제(▯)]를 터치해 불필요한 필터 클립을 삭제합니다.

▶ 필터 복제하기

01 이번에는 필터를 복제해 보겠습니다. 복제할 필터를 선택하고 하단의 [복제(▣)]를 터치하면 동일한 필터 클립이 추가됩니다. 이때 복제한 필터는 같은 영상에 적용되어 필터가 추가될수록 영상의 색감이 더 진해지는 효과가 있습니다.

02 같은 영상이 아닌 다른 영상에 필터를 복제하고 싶다면 복제한 필터 클립을 드래그해 필터를 적용하고 싶은 동영상 클립 아래로 이동합니다. 필터를 복제해 보았다면 복제한 필터를 선택하고 하단의 [삭제(▣)]를 터치하여 하나의 필터 클립만 남겨 줍니다.

03 이번에는 영상마다 필터를 다르게 적용해 볼까요? 다른 필터를 적용하고 싶은 영상에 맞춰 [재생 헤드]를 드래그한 후 하단의 [필터(⚙)]를 터치합니다. 이번에는 [영화] 탭 – [오픈 하이머] 필터를 선택한 후 조절바를 드래그해 '80'으로 설정하고 오른쪽 하단의 ☑를 터치합니다. 영상마다 다른 필터를 적용했습니다.

04 이어지는 실습에서 영상의 색감을 조정하는 방법을 배우기 위해 **지금까지 적용한 필터 클립을 각각 선택한 후 하단의 [삭제(🗑)]를 터치해 삭제합니다.** 그리고 왼쪽 하단의 ❮ 버튼을 터치합니다.

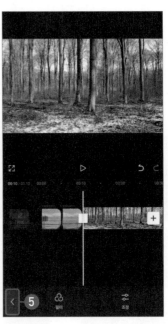

▶ 밝기, 대비, 온도 조정하기

01 하단의 [조정(⚙)]을 터치합니다. 다양한 주제의 조정 목록 중에 먼저 [밝기(◐)]를 터치한 후 아래 조절바를 왼쪽으로 드래그합니다. 숫자가 작아질수록 영상의 밝기가 어두워지고, 반대로 조절바를 오른쪽으로 드래그하여 숫자가 커질수록 밝기가 밝아집니다.

02 다음은 [대비(◑)]를 터치합니다. 조절바를 왼쪽으로 드래그해 숫자가 작아질수록 대비의 차이가 작아지고, 반대로 조절바를 오른쪽으로 드래그해 숫자가 커질수록 대비의 차이가 커집니다.

03 이번에는 [조정] 탭의 메뉴바를 왼쪽으로 드래그하고 [온도(🌡)]를 터치합니다. 조절바를 왼쪽으로 드래그해 숫자가 작아질수록 차가운 느낌의 파란색 계열의 색감이 진해지고, 반대로 조절바를 오른쪽으로 드래그해 숫자가 커질수록 따뜻한 느낌의 빨간색 계열의 색감이 진해집니다.

04 각각의 조절바를 드래그해 [밝기(☀), 20], [대비(◑), 20], [온도(🌡), −20]으로 설정하고 오른쪽 하단의 ✓를 터치합니다.

05 조정의 목록을 다중으로 설정하여도 타임라인에는 하나의 클립만 생성됩니다. 조정의 값을 다시 수정하고 싶을 때에는 **타임라인에서 조정 클립을 터치**하고 하단의 [조정(⚙)]을 터치합니다. 조절바를 드래그하여 조정의 값을 수정할 수 있는 공간으로 이동합니다.

06 지금까지 설정한 조정의 값을 원래대로 하려면 왼쪽 하단의 [재설정(↻)]을 터치합니다. 이 클립의 모든 조정을 실행 취소할 것이냐고 묻는 창의 [확인] 버튼을 터치합니다.

잠깐

조정 클립의 길이를 조절하고 삭제하거나 복제하는 방법은 필터 클립의 편집 방법과 동일합니다.

▶ 조정의 설정값 사전 설정에 등록하기

01 [조정]은 [필터]와 달리 즐겨찾기에 추가하는 기능이 없습니다. 하지만 조정의 설정값을 사전 설정에 등록해 놓을 수 있습니다. [조정] 탭에서 [밝기(☀), 8], [온도(🌡), 13], [비네트(◉), 25]로 값을 설정합니다.

02 조정의 설정값이 마음에 들면 왼쪽 끝의 [사전 설정] 탭을 터치한 후 오른쪽 중간의 [+ 사전 설정으로 저장] 버튼을 터치합니다. 사전 설정으로 저장되기까지 기다리면 목록에 사전 설정이 나타납니다. [사전 설정]을 선택하고 오른쪽 하단의 ☑를 터치합니다. 타임라인에 사전 설정 클립이 나타납니다.

잠깐

사전 설정 삭제하기

① 등록한 사전 설정을 삭제하고 싶다면 프로젝트 화면 왼쪽 상단의 ✕를 터치합니다. 캡컷 홈 화면에서 [☁공간] 버튼을 터치합니다. 상단의 [브랜드 키트(☁)]를 터치합니다.

② 브랜드 키트는 캡컷에 저장한 나만의 이미지, 스티커, 글꼴, 음악 등의 자료가 정리되어 있는 공간입니다. '브랜드 키트' 화면을 위로 스크롤합니다. '조정 사전 설정' 목록에서 삭제하고 싶은 사전 설정의 ⋮ 아이콘을 터치하고 [삭제(🗑)]를 터치합니다. 삭제하면 복구할 수 없다는 안내 창의 [삭제] 버튼을 터치하면 삭제됩니다.

▶ 프로젝트 내보내기

01 지금까지 작업한 프로젝트를 내보내기 위해 **오른쪽 상단의 [내보내기] 버튼을 터치합니**
다. 내보내는 작업이 100% 완료될 때까지 기다립니다.

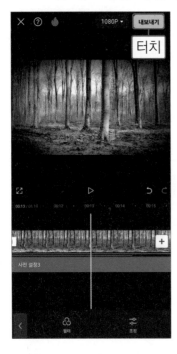 

편집하는 중에 파일을 내보내지 않고 프로젝트 화면을 닫거나 캡컷 앱을 닫아도 캡컷 홈 화면의 프로젝트
목록에 자동으로 저장됩니다.

02 스마트폰 홈 화면에서 [갤러리(❀)] 앱을 터치합니다. 캡컷에서 내보내기한 동영상 파일
을 갤러리에서 확인할 수 있습니다.

01 새 프로젝트로 영상을 불러와 [필터(⧉)]를 터치한 후 [레트로] 탭 – [친구] 필터를 선택하고 값을 '100'으로 설정해 봅니다.

02 [친구] 필터가 적용된 상태로 [조정] 탭을 터치하고 [대비(◑), 26], [채도(◍), 26], [선명하게 (△), 60]으로 설정해 봅니다.

03 [필터()]에서 [일상] 탭 – [아몬드] 필터, [음식] 탭 – [달콤한] 필터를 즐겨찾기 목록에 추가해 봅니다.

04 [조정(⚙)]에서 [밝기(☀), −8], [대비(◑), 16], [비네트(⬛), 32]로 설정한 후 사전 설정에 저장해 봅니다. 캡컷 홈 화면의 공간 버튼 – [브랜드 키트(☁)]에서 사전 설정으로 저장한 것을 '조정 사전 설정' 목록에서 확인해 봅니다.

> 💬
> **힌트**   [사전 설정 탭] – [+ 사전 설정으로 저장] 버튼을 터치하면 사전 설정에 저장할 수 있습니다.

07 인물 보정하고 영상 배경 제거하기

- 얼굴 보정하기
- 몸 보정하기
- 사진 스타일 변경하기
- 배경 제거하기
- 크로마키 사진 활용하기
- 배경 다채롭게 변경하기

미/리/보/기

이번 장에서는 인물 중심의 사진이나 영상을 편집할 때 알아 두면 좋은 캡컷의 '보정' 기능을 배워보겠습니다. 더불어 크로마키 사진을 활용해 배경을 다채롭게 변경하는 방법도 함께 살펴보겠습니다.

인물 사진 보정하기와 스타일 변경하기

▶ 얼굴 보정하기

01 먼저 얼굴이 잘 나오게 사진을 촬영한 후 [캡컷(✗)] 앱을 실행해 [+ 새 프로젝트] 버튼을
터치하여 얼굴 사진을 불러옵니다. 하단의 [편집(✂)]을 터치합니다. 도구바를 왼쪽으로
드래그하고 [보정(🔒)]을 터치합니다. 이어서 [얼굴(🔒)]을 터치합니다.

02 먼저 [얼굴] 탭을 터치하고 피부의 잡티를 가리기 위해 [부드럽게(◉)]를 '50'으로 설정합
니다. [팔자주름(◉)]을 '80'으로 설정하고, [밝게(◉)]를 '50'으로 설정해 피부를 환하게
만들어 줍니다. 사진에 따라 자유롭게 설정해도 좋습니다.

03 [모양 변경] 탭에서는 얼굴의 모양을 변형할 수 있습니다. [모양 변경] 탭을 선택하고 얼굴을 갸름하게 만들기 위해 [얼굴] 탭 – [슬림한(◉)]을 '50'으로 설정합니다. 이어서 [낮추기(◉)]를 '-10'으로 설정합니다. 코를 높이기 위해 [코] 탭 – [콧날(◉)]을 '50'으로 설정합니다. 사진에 따라 자유롭게 설정해도 좋습니다.

04 [메이크업] 탭에서는 화장을 한 것 같이 연출할 수 있습니다. [메이크업] 탭을 선택하고 [룩] 탭 – [시니어 메이크업]을 '70'으로 설정합니다. 다른 메이크업 필터를 적용해도 좋습니다. 보정이 마음에 들면 오른쪽 하단의 ✔를 터치하고 왼쪽 상단의 ✕를 터치해 화면을 닫아 줍니다.

▲ 보정 전

▲ 보정 후

▶ 몸 보정하기

01 이번에는 전신이 잘 나오게 사진을 촬영한 후 [캡컷(✂)] 앱을 실행해 [+ 새 프로젝트] 버튼을 터치하여 전신 사진을 불러옵니다. 하단의 [편집(✂)]을 터치합니다. 도구바를 왼쪽으로 드래그하고 [보정(ⓘ)]을 터치합니다. 몸을 보정하기 위해 [몸(Ⅱ)]을 터치합니다.

02 [몸] 탭에서는 '다리', '허리', '머리' 등을 자동으로 보정할 수 있지만 섬세하게 편집하기 어려울 수 있습니다. 다리가 길어 보이도록 [다리 길게(●)]를 '35'로 설정합니다. 몸통을 가늘게 줄이기 위해 [몸(●)]을 '60'으로 설정하고, 이어서 [허리(●)]를 '70'으로 설정합니다. 사진에 따라 자유롭게 설정해도 좋습니다.

03 [수동] 탭에서는 수동으로 몸을 보정할 수 있습니다. [수동] 탭 – [펴기(⌘)]를 선택하고 노란색 선에 있는 화살표 아이콘을 드래그해 위치와 범위를 지정합니다. 조절바를 왼쪽으로 드래그해 '–50'에 가까울수록 지정한 부분의 길이가 짧아집니다. 반대로 조절바를 오른쪽으로 드래그해 '50'에 가까울수록 지정한 부분의 길이가 길어집니다.

04 이번에는 [슬림한(⬤)]을 선택합니다. 양옆의 화살표 아이콘과 위아래의 화살표 아이콘을 드래그해 효과를 적용할 영역을 정합니다. 조절바를 왼쪽으로 드래그해 '–50'에 가까울수록 지정한 부분이 통통하게 늘어나고, 조절바를 오른쪽으로 드래그해 '50'에 가까울수록 날씬하게 줄어듭니다.

05 다음은 [비율 조정(◉)]을 선택하고 화살표 아이콘을 드래그해 노란색 원으로 머리 부분의 영역을 지정합니다. 조절바를 왼쪽으로 드래그해 '-50'에 가까울수록 머리의 크기가 작아집니다. 반대로 조절바를 오른쪽으로 드래그해 '50'에 가까울수록 머리의 크기가 확대되어 커집니다.

06 사진에 따라 자유롭게 몸을 보정한 후 결과가 마음에 들면 **오른쪽 하단의** ✅를 터치합니다. 왼쪽 상단의 ❌를 터치해 프로젝트 화면을 닫아 줍니다. 예제에서는 얼굴과 몸을 보정하기 위해 사진 파일을 사용했지만 얼굴이 명확하게 인식된다면 동영상 파일에서도 인물 보정 기능을 사용할 수 있습니다.

▲ 보정 전　　　　　　　　▲ 보정 후

▶ 사진 스타일 변경하기

01 이번에는 사진을 그림처럼 바꾸거나 얼굴의 표정을 바꿀 때 활용하기 좋은 '스타일' 기능을 알아보겠습니다. 먼저 '얼굴 보정하기'에서 작업한 프로젝트를 선택하여 불러오고 하단의 [편집(✂)]을 터치합니다. 이어서 [편집효과(✿)]를 선택합니다.

스타일(◈)은 동영상 파일과 사진 파일에 적용되는 기능이 다릅니다. 사진에 적용되는 기능이 대부분이기 때문에 동영상에 적용되는 기능은 생략하겠습니다.

02 [스타일(◈)]을 터치합니다. 다양한 카테고리 중에서 사진에만 적용되는 스타일을 알아보겠습니다. [표정] 탭 – [보조개 웃음] 스타일을 선택하면 얼굴의 표정이 달라집니다. 이어서 [인물] 탭 – [만화] 스타일을 선택하면 만화 캐릭터처럼 사진이 변합니다. 여러 가지스타일을 적용해 본 후 왼쪽 상단의 ☒를 터치해 프로젝트 화면을 닫아 줍니다.

109

잠깐

횟수 제한이 있는 필터 사용하기

1 횟수 제한이 있는 필터의 사용 방법을 알아보겠습니다. 새 프로젝트를 실행하여 얼굴 사진을 불러오고 [편집(✂)] – [편집효과(✦)] – [스타일(◈)]을 터치합니다. 오른쪽 상단에 [Free]라고 표시되어 있는 스타일은 총 여섯 번 무료로 사용할 수 있습니다. [AI 사진] 탭 – [아기 미래] 스타일을 선택합니다. 잠시 기다리면 무료 사용 횟수가 1회 차감되었다는 안내창이 나타나고 스타일이 적용됩니다.

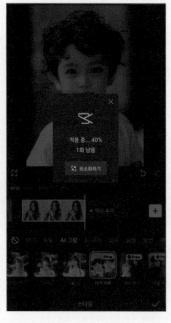

2 이번에는 [모션] 탭을 터치합니다. 오른쪽 상단에 [무료]라고 표시되어 있는 스타일은 총 두 번 무료로 사용할 수 있습니다. [초월] 스타일을 터치합니다. 횟수를 차감하고 스타일을 적용할 것이냐고 묻는 창의 [적용] 버튼을 터치합니다. 잠시 기다리면 스타일이 적용됩니다.

02 배경 제거하기

▶ **자동 삭제로 배경 제거하기**

01 이어서 사진이나 동영상의 지저분한 배경을 제거해 보겠습니다. '몸 보정하기'에서 작업한 프로젝트를 선택합니다. 예제에서는 사진 파일을 사용했지만 동영상 파일에서도 배경제거 기능을 사용할 수 있습니다. 하단의 [편집(✂)]을 터치합니다. 도구바를 왼쪽으로 드래그하고 [배경 제거(👤)]를 터치합니다.

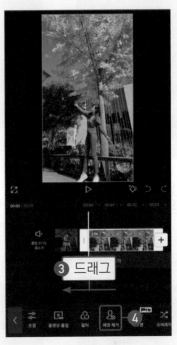

02 [자동 삭제(👤)]를 터치하면 인물을 제외한 배경이 자동으로 삭제됩니다.

터치하면 원본 사진으로 돌아갑니다.

> **잠깐**
>
> **자동 삭제(👤)**
> '자동 삭제' 기능은 AI가 배경을 자동으로 삭제해 주는 유료 기능입니다. 피사체와 배경이 잘 구분되지 않는 사진은 배경이 깔끔하게 제거되지 않습니다. 유료 기능이기 때문에 배경을 제거한 후 프로젝트를 내보내려면 CapCut Pro에 회원가입해야 합니다.

03 배경이 제거된 상태에서 [획(●)]을 터치하면 포즈를 강조하는 윤곽선을 만들 수 있습니다. 오른쪽 상단에 [Pro]라고 표시되어 있는 것은 유료 스타일입니다. 윤곽선 스타일을 선택하여 적용해 봅니다. 예제에서는 [점선 스트로크] 스타일을 선택했습니다.

 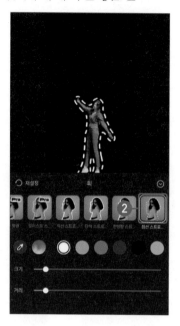

04 색상바에서 원하는 색상을 선택해 봅니다. 윤곽선에 색상을 적용하여 디자인 효과를 줄 수 있습니다.

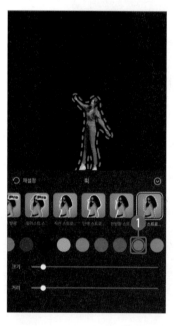 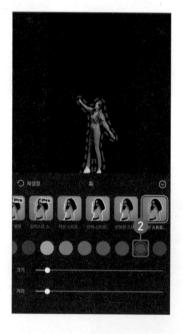 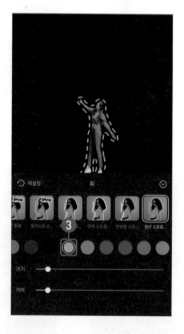

윤곽선 스타일에 따라 조절바의 메뉴가 달라집니다. 예제에서 선택한 [점선 스트로크] 스타일은 조절바에서 '크기'와 '거리'를 조절할 수 있습니다. 그 외에 [직선 스트로크]와 [단색 스트로크] 스타일은 '크기'와 '불투명도'를 조절할 수 있고, [한방향 스트로크] 스타일은 '가로', '세로'를 조절할 수 있습니다.

05 크기 조절바는 윤곽선의 두께를 조절할 수 있습니다. 조절바를 왼쪽으로 드래그해 숫자가 작아질수록 윤곽선이 얇아집니다. 반대로 조절바를 오른쪽으로 드래그해 숫자가 커질수록 윤곽선이 두꺼워집니다. 크기를 '50'으로 설정합니다.

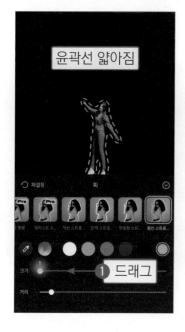 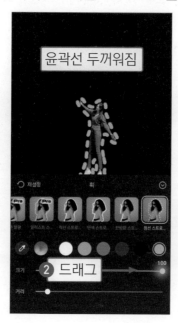 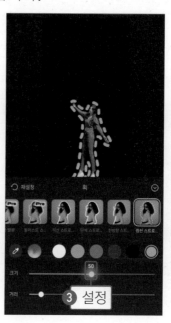

06 거리 조절바는 인물과 윤곽선의 간격을 조절할 수 있습니다. 조절바를 왼쪽으로 드래그해 숫자가 작아질수록 인물과 윤곽선의 간격이 가까워집니다. 반대로 조절바를 오른쪽으로 드래그해 숫자가 커질수록 인물과 윤곽선의 간격이 멀어집니다. 거리를 '50'으로 설정합니다.

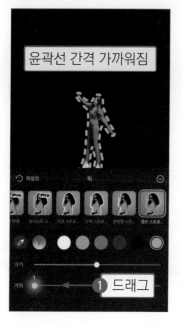 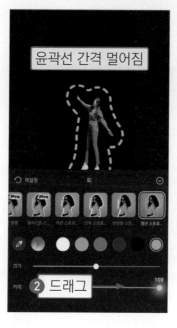 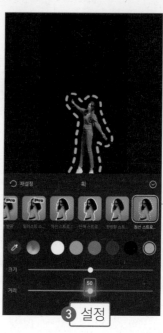

07 만약 윤곽선을 다시 설정하고 싶다면 왼쪽 상단의 [재설정(⟲)]을 터치합니다. 윤곽선을 재설정할 것이냐고 묻는 창의 [초기화] 버튼을 터치합니다. 색상, 크기, 거리가 모두 원래 대로 돌아옵니다.

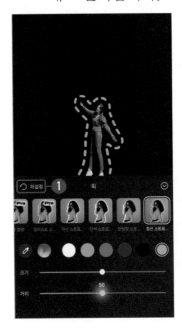  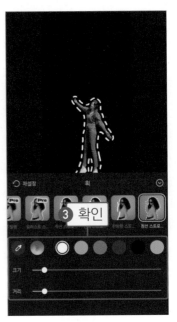

08 왼쪽 끝의 [취소(⊘)]를 터치해 윤곽선 스타일을 삭제하고 오른쪽 중간의 ⊙ 아이콘을 터치합니다. [복원(⛁)]을 터치한 후 오른쪽 중간의 ☑를 터치합니다.

▶ 사용자 지정 삭제로 배경 제거하기

01 이어서 [사용자 지정 삭제(🖌)]를 터치합니다. '사용자 지정 삭제'는 영역을 직접 선택하여 배경을 삭제하는 기능입니다. 먼저 [브러시(🖌)]를 터치합니다. 조절바를 왼쪽으로 드래그해 브러시의 크기를 '10'으로 설정한 후 사진에서 남길 부분을 드래그하여 선택합니다.

02 만약 선택한 영역이 궁금하다면 오른쪽의 👁 아이콘을 터치합니다. 브러시로 선택한 영역만 남고 배경이 삭제된 것을 확인할 수 있습니다. 확인이 끝나면 다시 👁 아이콘을 터치합니다.

03 이번에는 [맞춤형 오려내기] 탭의 메뉴바를 드래그하고 [지우기(◉)]를 터치합니다. 지우기는 브러시로 선택한 영역 중에 잘못 선택한 부분을 지우는 기능입니다. 조절바를 오른쪽으로 드래그해 브러시의 크기를 '60'으로 설정하고 빨간색으로 선택된 영역을 드래그하여 지워 줍니다.

 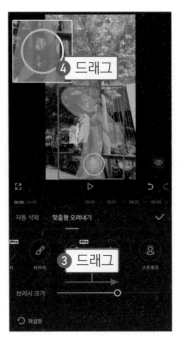

04 오른쪽의 ◉ 아이콘을 터치하면 선택된 영역이 깔끔하게 지워진 것을 확인할 수 있습니다. 다시 ◉ 아이콘을 터치합니다. 왼쪽 하단의 [재설정(↺)]을 터치해 원본 사진으로 복원하고 왼쪽 상단의 ✕를 터치해 프로젝트 화면을 닫아 줍니다.

▶ **크로마키 사진 다운로드하고 배경 제거하기**

01 크로마키 사진은 합성을 하기 위해 그린 스크린에서 촬영한 사진입니다. 저자는 그린 스크린 앞에서 촬영한 사진이 있지만 여러분은 픽셀스(Pexels)에서 크로마키 사진을 다운로드해 실습합니다. [Google(G)] 앱을 실행해 '픽셀스'를 검색합니다. 픽셀스 검색창에 '그린 스크린'을 검색해 사진을 다운로드합니다.

02 [캡컷(✄)] 앱에서 [+ 새 프로젝트] 버튼을 터치해 크로마키 사진을 불러오고 [편집(✄)]을 터치합니다. 도구 패널을 왼쪽으로 드래그하고 [배경 제거(🖼)]를 터치합니다. 이어서 [크로마키(◉)]를 선택합니다.

03 동그란 원을 초록색 배경으로 드래그하면 초록색 배경 부분이 자동으로 삭제됩니다. 채도 조절바를 드래그해 초록색 배경을 깔끔하게 지워 줍니다. 여러분이 다운로드한 크로마키 사진은 채도를 '85' 정도로 설정하면 배경이 깔끔하게 지워집니다. 오른쪽 중간의 ✔를 터치합니다.

 잠깐

'배경 제거' 기능을 사용할 때 주의할 점

캡컷에서 배경을 가장 깔끔하게 제거할 수 있는 방법은 바로 자동 삭제(👤)입니다. 하지만 유료 기능으로 사진을 내보내기 위해서는 CapCut Pro에 가입해야 합니다. 사용자 지정 삭제(✐)는 복잡한 배경에서 영역을 선택하기 어렵고, 크로마키(⊗)는 그린 스크린에서 촬영한 사진이 필요합니다.

▲ 자동 삭제   ▲ 사용자 지정 삭제   ▲ 크로마키

▶ 단색의 색상으로 배경 설정하기

01 도구바 왼쪽 끝의 █ 버튼을 터치하고 █ 버튼을 한 번 더 터치합니다. 제거된 배경을 단색의 색상으로 설정하기 위해 도구 패널을 왼쪽으로 드래그하고 [배경(█)]을 터치합니다.

02 [색상(█)]을 터치합니다. 팔레트에서 원하는 색상을 선택해 봅니다. 단색의 색상으로 배경을 설정하였으면 오른쪽 하단의 █를 터치합니다.

▶ 다양한 이미지로 배경 설정하기

01 이어서 [이미지(🏠)]를 터치합니다. 마음에 드는 이미지 템플릿을 선택하여 적용해 봅니다.

02 갤러리에 있는 사진을 배경으로 적용할 수도 있습니다. 왼쪽 끝의 🖼 버튼을 터치합니다.
배경으로 하고 싶은 사진을 선택하면 배경으로 적용되어 나타납니다.

▶ 배경을 흐리게 설정하기

01 왼쪽 끝의 ⊘ 버튼을 터치하고 오른쪽 하단의 ✓를 터치합니다. 다음은 [흐리게(◊)]를 터치합니다. '흐리게'는 배경을 제거한 인물의 윤곽선을 흐리게 만들어 주는 기능으로 배경을 제거한 사진을 다른 사진 위에 자연스럽게 합성할 때 유용하게 사용할 수 있습니다.

02 오른쪽으로 갈수록 흐림의 농도가 짙어집니다. 용도에 맞게 템플릿을 선택합니다. 예제에서는 세 번째의 템플릿을 선택했습니다. 왼쪽 상단의 ✕를 터치해 프로젝트 화면을 닫아 줍니다.

01 새 프로젝트로 인물 사진을 불러와 [편집(✂)] – [보정(🖼)] – [얼굴(🙂)]에서 〈보기〉와 같이 얼굴을 보정해 봅니다.

- [얼굴] 탭: 부드럽게(🔘), 80
- [모양 변경] 탭: [얼굴] 탭 – 슬림한(🔘), 37
- [메이크업] 탭: [룩] 탭 – 아몬드, 80

02 [편집(✂)] – [편집효과(✦)] – [스타일(🎭)]에서 [얼굴 바꾸기] 탭 – [아기 얼굴] 스타일, [장면 바꾸기] 탭 – [마법 하늘 Ⅱ] 스타일을 적용해 봅니다.

03 새 프로젝트로 인물 사진을 불러와 [편집(✂)] – [배경 제거(👤)] – [자동 삭제(👤)]로 사진의 배경을 제거합니다. 그리고 [획(◉)]에서 [단색 스트로크] 스타일, 색상은 '연핑크', 크기는 '35', 불투명도는 '100'으로 설정해 봅니다.

  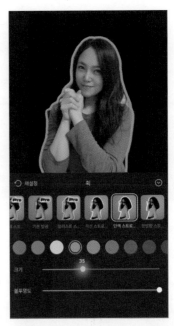

04 [배경(▨)] – [이미지(🖌)]에서 다양한 이미지 템플릿을 적용해 봅니다.

 [자동 삭제(👤)] 기능을 사용했기 때문에 편집한 사진을 내보내려면 CapCut Pro에 회원 가입해야 하므로 내보내지 않고 프로젝트를 닫아 줍니다.

08 영상에 효과 추가하기

- 동영상 효과 추가하기
- 동영상 효과 편집하기
- 신체 효과 추가하기
- 장면 전환 효과 추가하기
- 프로젝트 이름 수정하기

미/리/보/기

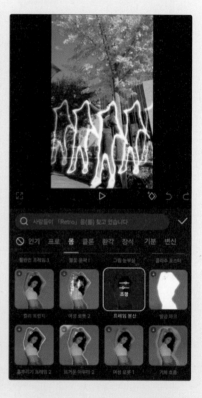

이번 장에서는 동영상에 생동감을 더해 주는 '동영상 효과'와 '신체 효과'에 대해 알아보겠습니다. 그리고 한 프로젝트 안에 두 개 이상의 파일이 있을 때 유용한 '장면 전환 효과'와 자동으로 저장된 프로젝트의 이름을 수정하는 방법도 함께 살펴보겠습니다.

▶ 동영상 효과 추가하기

01 [+ 새 프로젝트] 버튼을 터치해 두 개의 동영상 파일을 선택하여 불러옵니다. 예제에서는 '06장'에서 내보내기한 동영상 파일을 불러왔습니다. 하단의 [편집효과(⭐)]를 터치합니다. 그리고 [동영상 효과(▣)]를 터치합니다.

02 [오프닝&클로징] 탭 - [페이드 인] 효과를 선택합니다. '페이드 인' 효과는 검은 화면에서 점점 밝아지는 가장 보편적인 영상 효과입니다. 효과의 [조정(⬌)]을 터치합니다.

03 속도 조절바를 왼쪽으로 드래그해 숫자가 작아질수록 검은 화면에서 느리게 밝아집니다. 반대로 조절바를 오른쪽으로 드래그해 숫자가 커질수록 검은 화면에서 빠르게 밝아집니다. 조절바를 드래그해 '50'으로 설정하고 ⊙ 아이콘을 터치한 후 오른쪽 중간의 ✓를 터치합니다.

04 다른 효과도 적용해 보기 위해 ≪ 버튼을 터치합니다. 다른 효과를 적용할 영상으로 [재생 헤드]를 드래그한 후 [동영상 효과(⬚)]를 터치합니다.

05 동영상 효과 탭을 왼쪽으로 드래그해 [자연] 탭 – [랜턴] 효과를 선택합니다. '랜턴' 효과
는 영상에 등불이 떠오르는 효과입니다. 효과의 [조정(⚙)]을 터치합니다.

06 필터 조절바를 왼쪽으로 드래그하여 숫자가 작아질수록 동영상 효과가 연해집니다. 반
대로 조절바를 오른쪽으로 드래그해 숫자가 커질수록 동영상 효과가 진해집니다. 필터를
'100'으로 설정하고 ⚙ 아이콘을 터치한 후 오른쪽 중간의 ✔를 터치합니다.

▶ 동영상 효과 다중으로 추가하기

01 영상 효과를 다중으로 적용하기 위해 █ 버튼을 터치합니다. 효과를 적용할 영상으로 [재생 헤드]를 드래그한 후 [동영상 효과(█)]를 터치합니다. [레트로] 탭 – [필름 롤] 효과를 선택하고 오른쪽 중간의 █를 터치합니다.

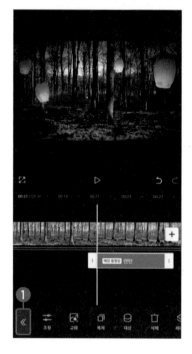  

02 동영상 효과를 하나 더 추가하기 위해 █ 버튼을 터치합니다. [동영상 효과(█)] – [프레임] 탭 – [TV] 효과를 선택하고 오른쪽 중간의 █를 터치합니다. 타임라인에 두 개의 동영상 효과 클립이 나타납니다.

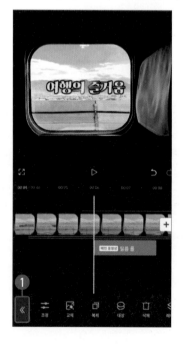  

동영상 효과 즐겨찾기 추가하고 해제하기

① 마음에 들거나 자주 사용하는 동영상 효과를 즐겨찾기에 추가하고 싶다면 효과를 길게 터치합니다. 즐겨찾기에 추가되었다는 메시지가 나타납니다. 왼쪽 끝의 🔖 탭을 터치합니다. 즐겨찾기 목록에 동영상 효과가 추가되었습니다.

② 즐겨찾기를 해제하고 싶을 때는 즐겨찾기 목록에 있는 효과를 길게 터치합니다. 즐겨찾기에서 제거되었다는 메시지가 나타나고 즐겨찾기 목록에서 동영상 효과가 사라집니다.

▶ 동영상 효과 편집하기

01 이제 동영상 효과를 편집해 보겠습니다. 동영상 효과를 적용한 후에 가장 먼저 해야 할 일은 효과 클립의 길이를 조절하는 것입니다. 타임라인에서 길이를 조절할 동영상 효과 클립을 터치합니다. 오른쪽의 흰색 테두리를 드래그하여 원하는 길이만큼 조절합니다.

02 동영상 효과의 설정값을 조정하고 싶다면 하단의 [조정(━)]을 터치합니다. '69'에 있는 필터 조절바를 왼쪽으로 드래그해 '20'으로 설정합니다. '50'에 있는 속도 조절바를 오른쪽으로 드래그해 '100'으로 설정하고 오른쪽 하단의 ✓를 터치합니다.

03 동영상 효과가 마음에 들지 않는다면 다른 효과로 바꿀 수 있습니다. 하단의 [교체(◨)]를 터치합니다. [동영상 효과] 탭을 왼쪽으로 드래그해 [반짝반짝] 탭을 터치하고 [작은 별] 효과를 선택한 후 오른쪽 중간의 ✔️를 터치하면 효과가 변경됩니다.

04 똑같은 동영상 효과를 복제하고 싶다면 복제하고 싶은 효과 클립을 선택하고 하단의 [복제(◨)]를 터치합니다. 이때 복제한 필터는 같은 영상에 적용되어 필터가 추가될수록 효과가 더 강하게 적용됩니다. 복제한 효과를 삭제하고 싶다면 효과 클립을 선택하고 하단의 [삭제(◨)]를 터치합니다. 왼쪽 상단의 ⊠를 터치해 프로젝트 화면을 닫아 줍니다.

신체 효과 추가하고 내보내기

▶ 신체 효과 추가하기

01 이어서 신체 효과를 추가해 보겠습니다. [+ 새 프로젝트] 버튼을 터치해 인물 사진을 선택하여 불러옵니다. 예제에서는 '07장'의 '몸 보정하기'에서 실습한 프로젝트를 선택했습니다. 하단의 [편집효과(✿)]를 터치합니다. 그리고 [신체 효과(☺)]를 선택합니다.

02 다양한 신체 효과 중 [몸] 탭 − [프레임 분산]을 선택합니다. '프레임 분산' 효과는 피사체의 윤곽선을 본떠 그림자처럼 흩뿌리는 효과입니다. 효과의 [조정(☰)]을 터치합니다.

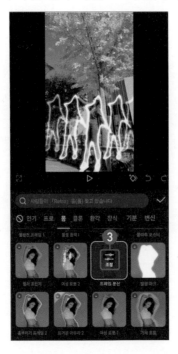

03 속도 조절바는 효과의 속도를 조절할 수 있습니다. 조절바를 왼쪽으로 드래그해 숫자가 작아질수록 신체 효과 속도가 느리게 나타납니다. 반대로 조절바를 오른쪽으로 드래그해 숫자가 커질수록 신체 효과 속도가 빠르게 나타납니다. 조절바를 드래그해 속도를 '25'로 설정합니다.

04 범위 조절바는 효과의 범위를 조절할 수 있습니다. 조절바를 왼쪽으로 드래그해 숫자가 작아질수록 신체 효과의 범위가 좁아지고, 반대로 조절바를 오른쪽으로 드래그해 숫자가 커질수록 신체 효과의 범위가 넓어집니다. 조절바를 드래그해 범위를 '33'으로 설정합니다.

05 색상 조절바는 신체 효과의 색상을 조절할 수 있습니다. 조절바를 왼쪽·오른쪽으로 드래그해 마음에 드는 색상으로 설정합니다. 만약 지금까지 설정한 것이 마음에 들지 않으면 왼쪽 중간의 [재설정(⟲)]을 터치합니다. 모든 조정을 실행 취소할 것이냐고 묻는 창의 [확인] 버튼을 터치합니다. ⊙ 아이콘을 터치하고 오른쪽 중간의 ✓를 터치합니다.

  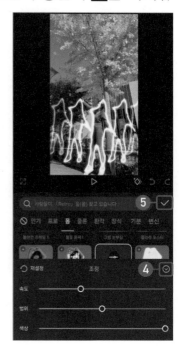

▶ 프로젝트 내보내기

01 타임라인에 신체 효과 클립이 추가되었습니다. 오른쪽 상단의 [내보내기] 버튼을 터치하여 갤러리에 저장해 봅니다.

▶ 장면 전환 효과 추가하기

01 장면 전환 효과는 한 프로젝트 안에 두 개 이상의 파일이 있을 때 적용할 수 있습니다. [+ 새 프로젝트] 버튼을 터치해 두 개의 동영상 파일을 선택하여 불러온 후 타임라인에서 첫 번째 영상이 끝나는 지점에 있는 ⊡ 버튼을 터치합니다. 다양한 전환 효과 중 [기본] 탭 – [반전 Ⅱ] 효과를 선택하고 조절바를 드래그해 속도를 '1.0s'로 설정합니다.

> **잠깐**
> 조절바를 왼쪽으로 드래그해 숫자 가 작아질수록 전환 효과의 속도가 빨라지고, 반대로 조절바를 오른쪽 으로 드래그해 숫자가 커질수록 전 환 효과의 속도가 느려집니다.

02 전환 효과를 재설정하고 싶다면 왼쪽 끝의 ⊘ 아이콘을 터치합니다. 장면 전환 효과가 삭 제되었습니다. 왼쪽 상단의 ✕를 터치해 프로젝트를 닫아 줍니다.

> **잠깐**
> 스마트폰의 기기와 안드로이드의 버 전에 따라 캡컷의 메뉴 구성과 위치 가 교재 이미지와 다를 수 있습니다.

영상이 세 개 이상일 때 장면 전환 효과 적용하기

한 프로젝트 안에 세 개의 파일이 있는 경우에는 두 개의 장면 전환 효과를 적용할 수 있습니다. 예를 들어 첫 번째 장면 전환 효과는 [카메라] 탭 - [회전 CW] 효과를, 두 번째 장면 전환 효과는 [소셜 미디어] 탭 - [좋아요] 효과를 적용할 수 있습니다.

하나의 장면 전환 효과를 동영상 전체에 적용하고 싶다면 효과를 선택한 후 왼쪽 하단의 [전체 적용(⊜)]을 터치합니다. 그러면 모든 전환 효과가 동일하게 적용됩니다. 특정한 장면 전환 효과를 검색하고 싶을 때는 [전환 검색(🔍)]을 터치한 후 효과 이름을 검색합니다.

▶ 프로젝트 이름 수정하기

01 프로젝트를 닫으면 새 프로젝트를 시작한 일자로 프로젝트가 자동 저장됩니다. 프로젝트의 이름을 수정해 놓아야 편집할 때 헷갈리지 않기 때문에 프로젝트의 이름을 수정하는 방법에 대해 알아보겠습니다. 프로젝트 오른쪽에 ⋮ 아이콘을 터치합니다. 하단에 창이 나타나면 [이름 변경(✎)]을 터치합니다.

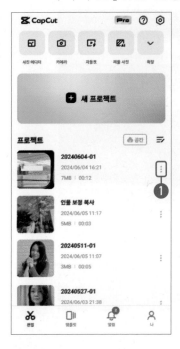 

02 프로젝트 이름 입력 창에 '08장 필터 완성'이라고 입력한 후 [확인] 버튼을 터치합니다. 프로젝트의 이름이 변경되었습니다.

01 새 프로젝트로 두 개의 영상을 불러온 후 [편집효과(⭐)] – [동영상 효과(🎬)]를 터치합니다. [분할] 탭 – [4분할] 효과를 선택하여 적용하고 [4분할] 효과를 동영상 효과 즐겨찾기 목록에 추가해 봅니다.

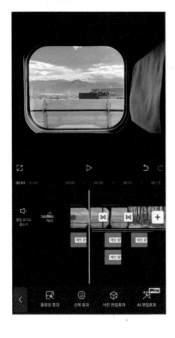

02 [편집효과(⭐)] – [동영상 효과(🎬)]에서 [스파크] 탭 – [벽난로] 효과를 선택하고 효과의 [조정(⚙)]에서 속도를 '50', 스티커를 '100', 필터를 '50'으로 설정해 봅니다.

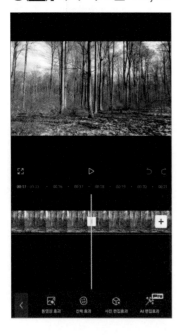
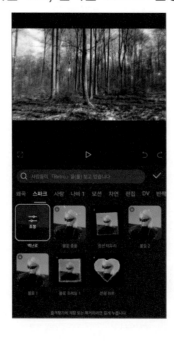

03 새 프로젝트로 인물 사진을 불러와 [편집효과(⭐)] – [신체 효과(😊)]를 터치합니다. [클론]
탭 – [도플갱어 I] 효과를 선택해 효과의 [조정(🎚)]에서 속도를 '63', 양을 '86', 채도를 '100',
회전을 '42'로 설정해 봅니다.

04 새 프로젝트로 세 개의 영상을 불러와 Ⅰ 버튼을 터치해 [오버레이] 탭 – [디졸브] 효과를
'0.7s' 속도로 설정하고 장면 전환 효과를 전체 영상에 동일하게 적용해 봅니다.

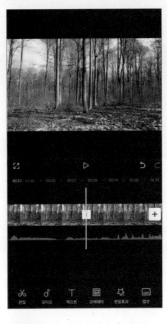  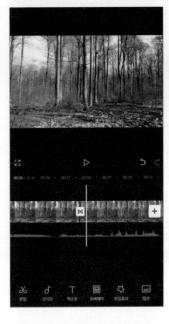

 장면 전환 효과를 동영상 전체에 동일하게 적용하고 싶다면 적용할 효과를 선택한 후
[전체 적용(◉)]을 터치합니다.

09 여러 개의 영상 합성하기

- 오버레이로 영상 합성하기
- 오버레이로 화면 분할하기
- 마스크 유형 살펴보기
- 마스크 조정하기

미/리/보/기

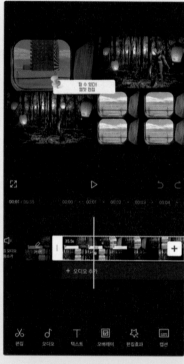

이번 장에서는 '오버레이' 기능으로 영상을 합성하는 방법과 화면을 분할하여 한 화면에 여러 개의 영상이 보이게 편집하는 방법을 알아보겠습니다. 영상을 합성하고 화면을 분할할 때 앞에서 배운 '배경 제거' 기능과 '편집' 기능을 함께 응용합니다. 그리고 '마스크' 기능을 활용해 영상의 특정 부분을 숨기거나 강조해 보겠습니다.

▶ 영상 합성하기

01 '오버레이(Overlay)'는 '덮어씌우다'라는 뜻으로 영상 위에 다른 영상을 덮어씌우는 편집 방법입니다. 캡컷 홈 화면에서 '08장 필터 완성' 프로젝트를 선택합니다. 다른 영상을 추가할 위치로 [재생 헤드]를 드래그합니다.

02 하단의 [오버레이(⬚)]를 터치합니다. 그리고 [PIP 추가(⬚)]를 터치합니다. '08장'에서 신체 효과를 추가해 내보내기한 동영상을 선택하고 오른쪽 하단의 [추가] 버튼을 터치합니다.

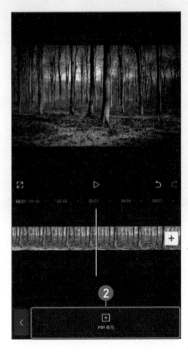

03 타임라인에서 추가한 동영상 클립을 선택합니다. 미리보기 화면에서 영상의 크기를 조절하고 위치를 조정합니다. 숲속에 사람이 서 있는 것처럼 자연스럽게 합성하기 위해 도구바를 왼쪽으로 드래그하고 [배경 제거(👤)]를 터치합니다.

04 [사용자 지정 삭제(✏️)]를 터치합니다. [브러시(✏️)]를 터치하고 조절바를 드래그해 브러시 크기를 설정합니다. 사진에서 남길 부분을 드래그하여 선택하고 오른쪽 중간의 ✔를 터치합니다. 합성이 마음에 들면 오른쪽 상단의 [내보내기] 버튼을 터치하여 저장해 봅니다.

▶ 화면 분할 영상 만들기

01 이번에는 오버레이 기능으로 화면이 분할된 영상을 만들어 보겠습니다. [+ 새 프로젝트]
버튼을 터치해 '16:9' 비율의 동영상 파일 하나를 선택하여 불러옵니다. 예제에서는 '06
장'에서 내보내기한 동영상을 불러왔습니다. 하단의 [편집(✂)]을 터치합니다. 도구 패널
을 왼쪽으로 드래그하고 [기본(⬚)]을 터치합니다.

02 [위치] 탭에서 조절바를 오른쪽으로 드래그해 X축을 '−246', Y축을 '−256'으로 설정합니
다. [확대] 탭을 터치하고 조절바를 오른쪽으로 드래그해 화면을 '51%'로 축소한 후 오른
쪽 하단의 ✓를 터치합니다. 이어서 〈 버튼을 터치합니다.

03 다른 영상을 추가할 위치로 [재생 헤드]를 드래그하고 하단의 [오버레이(▣)]를 터치합니다. [PIP 추가(▣)]를 터치합니다. 추가할 영상을 선택하고 오른쪽 하단의 [추가] 버튼을 터치합니다.

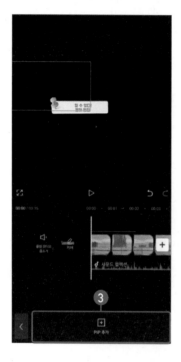
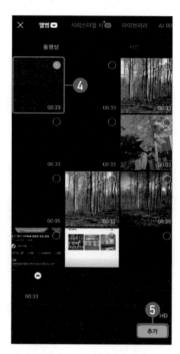

04 도구바를 왼쪽으로 드래그해 [기본(▣)]을 터치합니다. [위치] 탭에서 조절바를 왼쪽으로 드래그해 X축을 '245', Y축을 '250'으로 설정합니다. [확대] 탭을 터치하고 조절바를 오른쪽으로 드래그해 화면을 '50%'로 축소한 후 오른쪽 하단의 ☑를 터치합니다.

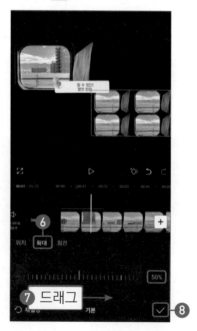

05 ◀ 버튼을 터치합니다. [PIP 추가(⊞)]를 터치하고 추가할 영상을 선택해 [추가] 버튼을 터치합니다. [기본(⊠)]을 터치하고 [위치] 탭에서 X축을 '−246', Y축을 '250'으로 설정합니다. [확대] 탭에서 화면을 '50%'로 설정한 후 오른쪽 하단의 ✔를 터치합니다.

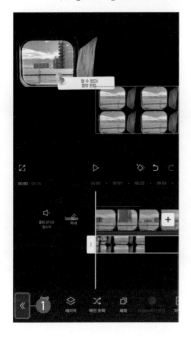
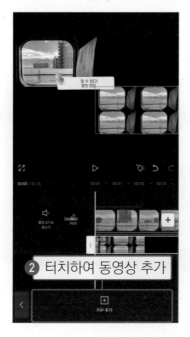

06 05와 같은 방법으로 [PIP 추가(⊞)]를 터치해 영상을 하나 더 추가합니다. [기본(⊠)]을 터치해 [위치] 탭에서 X축을 '250', Y축을 '−256'으로 설정합니다. [확대] 탭에서 화면을 '50%'로 설정하고 오른쪽 하단의 ✔를 터치한 후 오른쪽 상단의 [내보내기] 버튼을 터치해 파일을 내보냅니다.

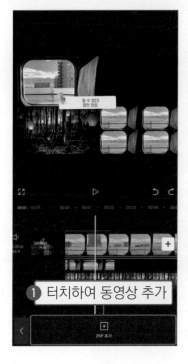

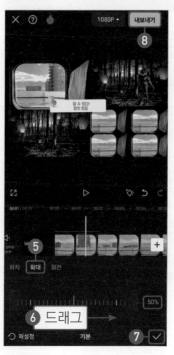

▶ 마스크 유형 살펴보기

01 '마스크(Mask)'는 '가리다'라는 뜻으로 영상의 특정 부분을 숨기거나 강조하고 싶을 때 사용하는 편집 방법입니다. [+ 새 프로젝트] 버튼을 터치해 화면을 분할한 영상을 선택하여 불러오고 하단의 [편집(✂)]을 터치합니다. 도구바를 왼쪽으로 드래그해 [마스크(◉)]를 터치합니다.

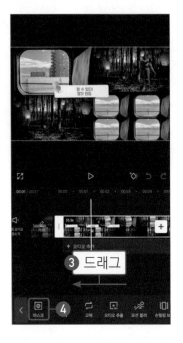

02 마스크 템플릿에는 여섯 가지 종류가 있으며 마스크 템플릿의 모양에 따라 영상의 일부분만 보이게 할 수 있습니다. [원], [하트], [별] 템플릿을 선택하여 적용해 봅니다.

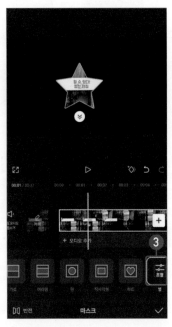

▶ 마스크 조정하기

01 [미러링] 템플릿을 선택하고 템플릿의 [조정(⚙)]을 터치합니다. [위치] 탭에서 X축 조절 바를 오른쪽으로 드래그해 숫자가 작아질수록 영상의 왼쪽 부분이 보이고, 반대로 왼쪽으로 드래그해 숫자가 커질수록 영상의 오른쪽 부분이 보입니다. 왼쪽 하단의 [재설정(↻)]을 터치하고 마스크의 모든 조정을 재설정할 것이냐고 묻는 창의 [확인] 버튼을 터치합니다.

02 이어서 Y축 조절바를 오른쪽으로 드래그해 숫자가 작아질수록 영상의 아랫부분이 보이고, 반대로 왼쪽으로 드래그해 숫자가 커질수록 영상의 윗부분이 보입니다. 왼쪽 하단의 [재설정(↻)]을 터치합니다. 마스크의 모든 조정을 재설정할 것이냐고 묻는 창의 [확인] 버튼을 터치합니다.

03 [회전] 탭을 터치합니다. 조절바를 오른쪽으로 드래그해 숫자가 작아질수록 반시계 방향
으로 회전하고, 반대로 왼쪽으로 드래그해 숫자가 커질수록 시계 방향으로 회전합니다.
왼쪽 하단의 [재설정(⟳)]을 터치하고 마스크의 모든 조정을 재설정할 것이냐고 묻는 창
의 [확인] 버튼을 터치합니다.

04 이번에는 [깃털] 탭을 터치하고 조절바를 오른쪽으로 드래그합니다. 마스크로 가려진 부
분이 투명해집니다. 반대로 조절바를 왼쪽으로 드래그하면 마스크로 가려진 부분이 불투
명해집니다. 왼쪽 하단의 [재설정(⟳)]을 터치합니다. 마스크의 모든 조정을 재설정할 것
이냐고 묻는 창의 [확인] 버튼을 터치하고 ⊙ 아이콘을 터치합니다.

미리보기 화면에서 마스크의 크기, 투명도, 모서리 조절하기

미리보기 화면에서 마스크의 크기를 조절할 수 있습니다. 두 손가락으로 노란색 선을 터치한 후 손가락을 오므리면 마스크의 영역이 줄어듭니다. 반대로 손가락을 벌리면 마스크의 영역이 늘어납니다.

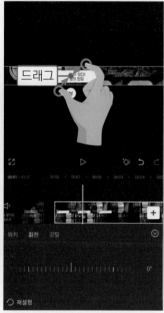

▲ 두 손가락을 오므렸을 때   ▲ 두 손가락을 벌렸을 때

마스크 템플릿에 따라 미리보기 화면의 아이콘이 달라지기도 합니다. 예시로 [직사각형] 템플릿을 선택해 봅니다. ⬍ 아이콘을 터치하면 마스크의 높이를 조절할 수 있고, ↔ 아이콘을 터치하면 마스크의 너비를 조절할 수 있습니다. ⊗ 아이콘을 터치하면 마스크의 투명도를 조절할 수 있고, ⓐ 아이콘을 터치하면 마스크의 모서리를 둥글게 만들 수 있습니다.

▲ 마스크의 높이와 너비 조절   ▲ 마스크의 투명도와 모서리 조절

05 왼쪽 하단의 [반전()]을 터치하면 마스크의 영역이 반전됩니다. 다시 [반전()]을 터치하면 원래대로 돌아옵니다. 왼쪽 끝의 [없음(⊘)]을 터치하고 왼쪽 상단의 ✕를 터치해 프로젝트 화면을 닫습니다.

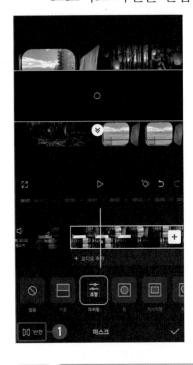

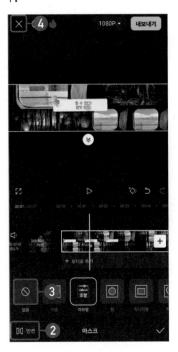

💡 **잠깐**

동영상 클립마다 마스크 템플릿 다르게 적용하기

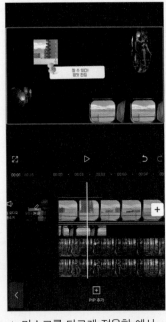

▲ 마스크를 다르게 적용한 예시

만약 동영상 클립이 여러 개 있다면 클립마다 마스크 템플릿을 다르게 적용할 수 있습니다. 예를 들어 네 개의 동영상 클립에 각각 [직사각형], [원], [하트], [미러링] 템플릿을 적용할 수 있습니다.

01 새 프로젝트로 배경이 있는 영상을 하나 불러오고 하단의 [오버레이(▣)] – [PIP 추가(▣)]를 터치하여 인물 영상을 불러옵니다. [배경 제거(👤)] – [자동 삭제(👤)]로 배경을 제거한 후 [획(👤)]을 터치해 인물 영상의 윤곽선을 꾸며 봅니다.

02 새 프로젝트로 인물 영상을 불러오고 [편집(✂)] – [마스크(▣)]에서 [직사각형] 템플릿을 선택합니다. 그리고 미리보기 화면에서 크기와 위치, 투명도를 조절해 마스크 템플릿을 적용해 봅니다.

 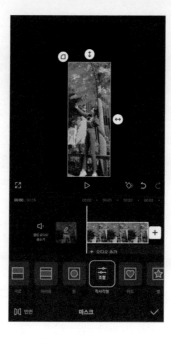 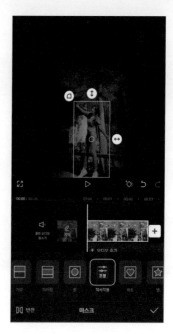

10 유튜브에 동영상 업로드하기

- 해상도 설정하기
- 프로젝트 내보내기
- 유튜브에 동영상 업로드하기
- 동영상 세부정보 추가하기
- 업로드한 동영상 확인하기

미 / 리 / 보 / 기

이번 장에서는 프로젝트의 해상도를 설정하여 내보내기한 후 유튜브에 동영상을 업로드해 보겠습니다. 나아가 동영상을 업로드할 때 세부정보를 추가하는 방법을 알아보고 업로드한 동영상을 확인해 보겠습니다.

01 해상도 설정하고 프로젝트 내보내기

▶ 해상도 설정하기

01 지금까지 작업한 프로젝트 중 유튜브에 업로드할 프로젝트를 선택합니다. 먼저 영상의 해상도를 설정하기 위해 오른쪽 상단의 [1080P] 버튼을 터치합니다. 유튜브에 업로드할 영상이기 때문에 해상도 조절바를 드래그해 '1080p'로 설정합니다.

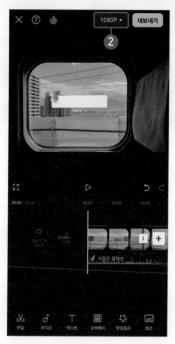

02 '프레임 속도'는 초마다 화면이 바뀌는 횟수로, 횟수가 많을수록 영상이 더 부드럽게 재생됩니다. 보통 '30프레임'으로 설정하기 때문에 프레임 속도 조절바를 드래그해 '30'으로 설정합니다. 코드 속도 조절바는 '추천'으로 설정되어 있으므로 별도로 조정하지 않습니다.

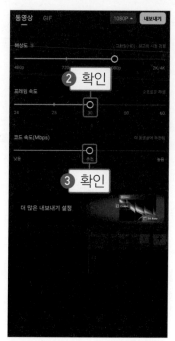

▶ 프로젝트 내보내기

01 영상의 해상도를 설정하였다면 **오른쪽 상단의 [내보내기] 버튼을 터치합니다. 내보내는** 작업이 100% 완료될 때까지 기다린 후 '공유 준비 완료' 화면이 나타나면 **오른쪽 상단의** [완료]를 터치합니다.

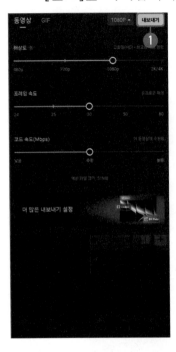  

02 스마트폰 홈 화면에서 [갤러리(✳)] 앱을 터치합니다. 캡컷에서 내보내기한 동영상 파일 을 갤러리에서 확인할 수 있습니다.

 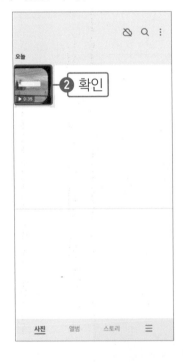

▶ 내 채널에 동영상 업로드하기

01 홈 화면에서 [YouTube(▶)] 앱을 터치합니다. 오른쪽 하단의 [나(◉)]를 터치하여 내 채널로 이동합니다. 하단의 ⊕ 버튼을 터치합니다.

02 '미디어 추가' 화면에서 [동영상] 탭 – [액세스 허용] 버튼을 터치합니다. YouTube에서 기기의 사진과 동영상에 액세스하도록 허용할 것이냐는 창의 [모두 허용]을 터치합니다. 동영상을 선택한 후 오른쪽 하단의 [다음] 버튼을 터치합니다.

▶ 동영상 세부정보 추가하기

01 '세부정보 추가' 화면이 나타나면 제목 작성란을 터치합니다. 동영상의 제목을 입력한 후
키보드 오른쪽 하단의 [완료]를 터치합니다.

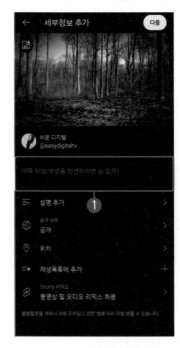

02 [설명 추가(☰)]를 터치합니다. 동영상과 관련된 부가 설명을 입력한 후 왼쪽 상단의 ←
아이콘을 터치합니다.

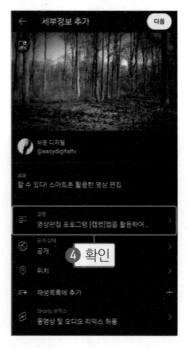

03 [공개 상태()]를 터치합니다. 공개 상태의 종류에는 모든 사용자가 검색하여 볼 수 있는 [공개], 링크가 있는 사용자만 볼 수 있는 [일부 공개], 내가 선택한 사용자만 볼 수 있는 [비공개]가 있습니다. 예제에서는 **[비공개]를 선택**한 후 왼쪽 상단의 ◀ 아이콘을 터치합니다.

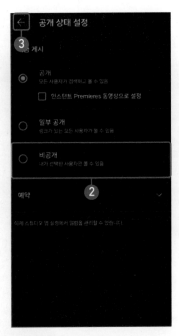

💡
잠깐

동영상 업로드 예약하기

[예약]을 터치하면 동영상을 업로드할 날짜와 시간을 설정할 수 있습니다. 예약한 날짜가 되면 동영상이 자동으로 업로드됩니다.

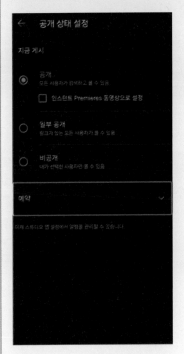

157

04 마지막으로 동영상의 섬네일을 설정하기 위해 **왼쪽 상단의 🖼 아이콘을 터치합니다.** 섬네일은 동영상의 간판 이미지로 시선을 사로잡는 사진으로 설정하는 것이 좋습니다. 유튜브 섬네일의 규격은 '1280×720px'입니다. 갤러리에 있는 이미지 파일 중 하나를 선택합니다. 오른쪽 상단의 [완료] 버튼을 터치하면 섬네일이 등록됩니다.

05 만약 섬네일 이미지가 없다면 오른쪽 상단의 [다음] 버튼을 터치합니다. '시청자층 선택' 화면에서 '아니요, 아동용이 아닙니다.'와 '아니요, 동영상 시청자를 만 18세 이상으로 제한하지 않겠습니다.'를 선택하고 [동영상 업로드] 버튼을 터치합니다.

> 💡 **잠깐**
>
> **아동용 동영상과 연령 제한 동영상**
> 아동용 동영상은 아동용 주제와 관련된 콘텐츠일 경우에 선택합니다. 연령 제한 동영상은 만 18세 이상의 사람만 시청할 수 있는 콘텐츠일 경우에 선택합니다. 이러한 동영상은 광고 수익 창출이 제한되거나 배제될 수 있습니다.

▶ 업로드한 동영상 확인하기

01 '내 동영상에 업로드됨'이라는 창이 나타나면 상단의 [동영상] 탭을 터치합니다. 동영상 목록에서 방금 전에 업로드한 동영상을 선택하여 시청해 봅니다.

02 업로드한 동영상의 세부정보를 수정하고 싶다면 동영상의 ⋮ 아이콘을 터치합니다. 그리고 [수정(✏)]을 선택합니다. 세부정보를 수정한 후 오른쪽 상단의 [저장]을 터치하면 수정이 완료됩니다.

  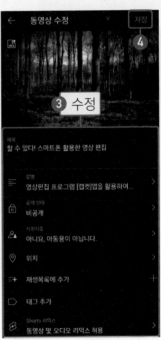

응용력 키우기

01 캡컷에서 편집한 프로젝트를 선택해 해상도를 '720p', 프레임 속도는 '24'로 설정한 후 내보내기합니다.

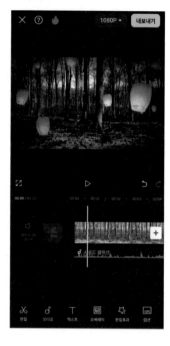 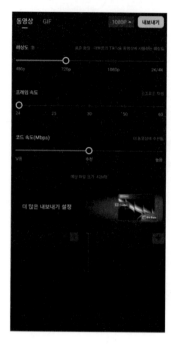 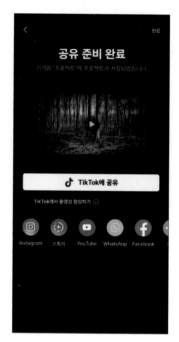

02 [YouTube(▶)] 앱을 실행해 내 채널에 **01**에서 내보내기한 영상을 업로드해 봅니다.

 하단의 ⊕ 버튼을 터치해 동영상 파일을 선택합니다. '세부정보 추가' 화면에서 세부정보를 작성하고 시청자층을 선택한 후 [동영상 업로드] 버튼을 터치합니다.

할 수 있다!
캡컷으로 영상 편집하기

초 판 발 행	2024년 08월 08일
발 행 인	박영일
책 임 편 집	이해욱
저 자	오복실
편 집 진 행	정민아
표 지 디 자 인	김도연
편 집 디 자 인	김세연
발 행 처	시대인
공 급 처	(주)시대고시기획
출 판 등 록	제 10-1521호
주 소	서울시 마포구 큰우물로 75 [도화동 538 성지 B/D] 6F
전 화	1600-3600
홈 페 이 지	www.sdedu.co.kr

I S B N	979-11-383-7487-3(13000)
정 가	12,000원

시대인은 종합교육그룹 (주)시대고시기획·시대교육의 단행본 브랜드입니다.